初中生物学重要概念的单元教学探索

王家传◎著

安徽师范大学出版社
ANHUI NORMAL UNIVERSITY PRESS

·芜湖·

图书在版编目(CIP)数据

初中生物学重要概念的单元教学探索 / 王家传著．

芜湖：安徽师范大学出版社, 2025.5. ‐‐ ISBN 978‐7‐5676‐7112‐6

Ⅰ．G633.912

中国国家版本馆 CIP 数据核字第 20245G39D0 号

初中生物学重要概念的单元教学探索

CHUZHONG SHENGWUXUE ZHONGYAO GAINIAN DE DANYUAN JIAOXUE TANSUO

王家传◎著

责任编辑：童　睿　　　　　责任校对：王博睿

装帧设计：王晴晴　姚　远　责任印制：桑国磊

出版发行：安徽师范大学出版社

　　　　　芜湖市北京中路2号安徽师范大学赭山校区

网　　　址：https://press.ahnu.edu.cn

发 行 部：0553‐3883578　5910327　5910310（传真）

印　　刷：安徽联众印刷有限公司

版　　次：2025年5月第1版

印　　次：2025年5月第1次印刷

规　　格：700 mm×1000 mm　1/16

印　　张：14.5

字　　数：215千字

书　　号：978‐7‐5676‐7112‐6

定　　价：58.00元

凡发现图书有质量问题,请与我社联系(联系电话:0553‐5910315)

前　言

　　《义务教育生物学课程标准(2022年版)》(以下简称"课程标准")提出了新的课程理念,倡导内容聚焦大概念。如何落地这一理念,课堂转型是关键。但是,指向核心素养的课堂教学如何转型,是我们一线教师最为关注的。

　　笔者在对课题《基于深度学习的初中生物学重要概念教学的实践研究》两年多的探索和实践中发现,大概念涉及的概念体系过于庞大,其课程内容跨度大、课时过多。但如果转变思路,尝试对每一个大概念下的重要概念进行单元整体教学来构建课程内容体系,这样更易操作,更易循序渐进地推进生物学新课程改革。

　　生物学概念是生物知识结构体系的核心,是生物学课程内容的基本组成,是反映和探索生物学现象和生命活动规律的思维方式。从一般概念和生物学事实中抽象概括出来的生物学重要概念,能够反映生物学知识本质及其关系,直接构成生物学科框架,帮助学生形成生命观念。

　　课程标准包含的重要概念有22个,本书选择了课程标准中部分重要概念作为研究对象。在大单元视域下,分析重要概念,建构次位概念间的逻辑关系,从而制定单元教学目标,梳理单元教学流程,并进行课时单元教学设计。

　　本书通过教学案例和实践经验,使教师充分认识重要概念教学的重要性,采取有效的教学策略和方法,提高教学效率,培养学生的学习能力,从而让核心素养在课堂教学中真正落地。

目　录

第一章 绪 论

第一节 单元教学的意义

单元教学是一种以主题或单元为中心的教学方法,其特点是以主题为导向、注重深度学习和综合性学习、鼓励学生积极参与、强调整合教学资源等。教师通过单元教学来开展生物教学,可以有效地激发学生的积极性和主动性,使他们感受到学习生物的乐趣,以提高他们的学习效果,并在此基础上培养他们的核心素养与解决问题的能力。

生物单元教学是强调以生物学重要概念为主题,有机地将教材与教学经验进行组织整合而成的教学方法。其构建的"情境—问题—活动"单元教学蓝图,可以实现"教—学—评"一致,有效落实概念学习,是长期性、渗透性、整体性地培养生物科学素养的一种教学设计理念和策略。

一、课程结构具有整体性

与课时教学相比,聚焦生物重要概念的单元教学设计更为注重整体性,其以更加宏观的视野从整体上分析处理教材、解读新课标,从宏观层面来分析学情,从单元教学目标出发设计单元学习任务,单元内每一个课时的教学设计都需要服从于单元总体设计。这种整体性设计有助于教师聚焦重要概念,厘清单元内容结构,挖掘知识内涵,正确把握核心知识间的逻辑关系和重难点，从而对整体的单元教学内容、策略等进行调整和规划，有利于学生逐步构建系统的知识网络和概念体系。

二、教学内容具有灵活性和层序性

单元教学根据重要概念来选择教学内容，包含教师对整体单元教学和单独课时教学的思考设计与统筹安排，要求教师有较强的宏观把控能力。围绕核心任务或核心问题展开有利于教师灵活安排实验探究等教学活动，有利于教师应对突发状况，体现了单元教学较强的灵活性和变通性。

根据知识的内在逻辑及学生的认知发展顺序，我们将单元教学设计中的单元教学目标分解为多个课时的教学目标，再根据单元教学内容确定课时教学内容。这种教学设计存在着平行式排列、螺旋式上升、树木式发展的层序性。这种层序性的设计有助于学生更好地理解巩固，从而逐步构建概念体系，使得教学有目的、有计划地进行。

三、可以发挥教师和学生的创造性

由于教学内容过少和教学时长过短，课时教学会在一定程度上限制教师创造性的发挥。而进行单元教学时，教师通过分析课程标准、教学内容和学生学情等，选用更优化的教学策略，创设适宜的教学情境，因此教师具有更为广阔的视野，更能激发教师的创造性。同时，这样的单元教学也能激发学生的创造性，从而获得更好的教学效果。单元教学有利于教师不断学习更新教育理念，更加积极主动参与发展学生核心素养的课堂构建，从而提升自己的理论水平、教学技能和专业素养。

第二节　单元教学的实施

笔者通过课题研究归纳出聚焦重要概念提高生物学核心素养的单

元教学的一般流程,如图1-1所示。

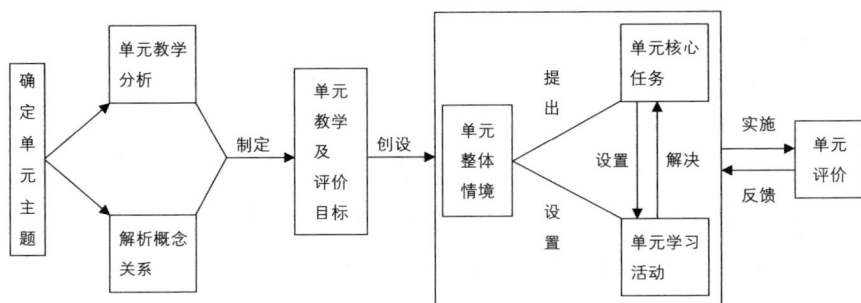

图1-1　单元教学的一般流程

　　单元教学的具体流程:在确定单元主题后,分析单元教学基本要素、解析单元概念关系,制定单元教学目标及单元评价目标;然后围绕单元学习主题创设单元整体情境,提出核心任务,设置单元学习活动,设计以"情境—问题—活动"为主线的单元教学体系,并组织课堂教学,落实"教—学—评"一致的单元评价目标,优化教学设计。

一、确定单元主题

　　确定单元主题是单元教学的起点,需要以国家的课程文件为依据,如课程标准。通过每一个重要概念主题的学习,帮助学生构建相应的概念体系,最终实现内容聚焦大概念。同时,课程的设计过程中还要解决具体的生物学问题,贴近学生的生活实际,满足学生的学习需求,从而发展学生的生物学核心素养。

　　以生物重要概念为单元主题,既降低了单元教学设计的难度,又使教材单元的联系更加紧密。但重要概念是命题式描述,相对冗长复杂,难以激起学生的学习热情,因此需要针对重要概念拟定一个精炼而明确的单元名称。这样,既能明确单元学习任务,又能吸引学生的兴趣。

二、单元教学分析

(一)课标分析

在确定单元主题后,需要仔细研读并分析课程标准中的课程内容框架,明确课程中的大概念和重要概念,然后梳理它们之间的关系,如搞清楚哪些重要概念共同聚焦于一个大概念,重要概念之间存在哪些逻辑关系,每一个重要概念的素养发展价值。这样才能更加深入地理解和掌握课程标准对单元教学目标的要求,更好地构建"情境—问题—活动"的单元教学蓝图,加深对单元内容的认识。

(二)学情分析

教师在实践中需要综合分析和评估学生的年龄特点、已有的知识结构基础、认知发展水平、学习动机、自主学习能力等实际情况。首先,课程与学生的兴趣爱好结合有助于他们积极主动地参与学习活动,如饮食健康、宠物饲养、实践探索、动漫、游戏、电影、参观动植物园、参观自然博物馆等。其次,需要考虑学生在学习相应内容时的经验基础,包括学生生活中的观察体验,如参观科普场馆、观看电视科普节目等。这些经验既能为学生学习新知识搭建基础性的台阶,又提供了必要的学习支撑。因此,教师需要充分分析学情,从而宏观把控单元教学,安排合适的单元教学活动,才有可能获得教学的成功。

通过确定单元主题和分析课标、学情,进而选定和组织单元教学内容。根据教学需求和教学经验等分析教学内容的知识结构、逻辑体系,对单元教学内容进行统筹组织和创造性优化,为构建单元概念体系、制定科学的单元教学目标和课时教学目标、选取教学策略和教学方法等提供依据和参考。

三、单元概念解析

教师要帮助学生构建出相应单元的概念体系，就需要从课程层面探寻理解生物学观点与大概念的关系，从模块层面分析课程知识结构，从单元层面来区分重要概念、次位概念和生物学事实，分析其逻辑关系，分析生物学事实对次位概念的形成有什么支撑作用、次位概念对重要概念的形成有什么支撑作用、重要概念对大概念的形成有什么支撑作用，从而构建概念图和单元概念体系。

四、制定单元教学目标

单元教学目标是单元教学的灵魂所在，是教学规划、学习活动和评价方案设计的重要依据。在制定单元教学目标时，要充分体现生物学的学科特点，以学生活动作为载体，循序渐进地发展学生的生物学核心素养。因此，单元教学目标是指向素养发展的，而不是单纯的碎片化知识，其突出特征是从知识到能力，再从能力到素养的目标发展主线。

在设计单元教学目标时，首先需要分析单元主题，初步拟定学习目标。其次，结合相应课程内容的学科能力发展和素养发展，对学习目标进行整合和加工，从学科能力和核心素养的角度来描述学习目标。最后，根据实际的学情分析，对相应的素养目标进行聚焦，确定单元教学目标。

（一）分析课程标准要求，拟定单元教学目标

课程标准是制定单元教学目标的重要依据。要根据学习主题深入分析主题中的重要概念涉及课程标准中的哪些课程内容，然后再分析课程标准中具体的内容要求、学业要求、教学提示（教学策略建议、情境素材建议、学习活动建议），初步拟定单元教学目标。

（二）按照核心素养的要求，修订单元教学目标

生物学重要概念是整个生物学课程内容的核心知识，承载着独特的学科能力发展功能和核心素养发展功能。不同的重要概念所承载的教育功能不同。在确定教学目标时，需要对课程中的重要概念功能进行分析，这也是确定单元教学目标的基础性工作。因此，需要将重要概念、学科能力、学科核心素养三者进行有机整合。此外，还需要从学科能力和核心素养的角度对初步拟定的单元教学目标进行整合加工，不再将单元教学目标划分为知识与技能、过程与方法、情感态度与价值观三个维度，而按照核心素养的要求描述单元教学目标，涉及生命观念（结构与功能观、物质与能量观、进化与适应观、生态观等）、科学思维（归纳与概括、演绎与推理、模型与建模等）、探究实践（科学探究和跨学科实践）、态度责任（科学态度、健康意识、社会责任等）。

（三）依据学情分析，确定单元教学目标

教学的最终目的是发展学生的核心素养。因此，在确定单元教学目标时，需要了解学生的素养发展起点，以此为基础，通过单元学习主题内容的学习，设定其应该达成的素养发展目标。

学生素养发展起点主要包括学生的知识基础分析、认知能力分析、科学探究能力分析等。通过这些方面的综合分析，才能对单元教学目标进行进一步的修订和完善。在按照素养的要求设立单元教学目标时，常常出现的问题是仅给单元教学目标戴上核心素养的"帽子"。核心素养在目标上的呈现却过于表面化和泛化，目标的设定也缺乏针对性。针对这一问题，需要特别注意的是要对单元教学目标的素养要求进行聚焦。例如，将"生命观念"聚焦到结构与功能观、物质与能量观、进化与适应观等，将"科学思维"聚焦到归纳与概括、演绎与推理、模型与建模等，将"科学探究"聚焦到利用多种方式记录研究结果、设计单

一变量的对照实验等。

五、制定单元评价目标

评价目标是设计评价方案的重要依据,而评价目标又是根据学习目标来制定的。因此,评价目标与学习目标要保持高度一致,需要从生物学科核心素养的角度来呈现,主要包括生命观念、科学思维、探究实践和责任态度四个方面。

在评价目标的设定方面,首先要明确各个生物学核心素养的水平。例如,在生命观念方面,最低水平为学生从事实的角度解释现象和分析问题,较高水平为学生能够运用相应的科学概念或原理解释现象,最高水平为学生从不同的生命观念视角综合地解释现象或阐明观点。在确定评价目标时,要根据学生的学习目标对应的素养水平进行描述。在确定评价目标后,进行评价的整体规划,再根据评价目的设计相应的评价工具。

在制定单元评价目标时,需要遵循评价方式多元化、评价主体多样化、评价内容素养化、评价过程持续化、评价结果客观化等多重原则,以确保评价工作的有效性。

(一)评价方式多元化

为了实现发展学生的生物学科核心素养的教学目标,对于学生学习过程的监测至关重要。在实际教学中,要注重发挥不同评价方式的优势,如注重过程性评价,可以采取课堂回答问题、课堂讨论、小测验、课后作业、实作评价、访谈等多种评价方式。

(二)评价主体多样化

在设计评价方案时,应注重学生在评价环节中的主体性。学生不仅仅是被评价的对象,同时也是评价的主体。评价的目的是改进教师的教学和促进学生的学习。因此,教师、学生,甚至家长都可以作为评价的主体。在具体操作中,可以采用教师评价、学生互评和自评、家长评价等多种方式,使学生在参与评价的过程中学会自我反思和改进。这正是"为了学习而进行评价"理念的重要实践。

(三)评价内容素养化

在评价内容方面,不能仅仅局限在对知识的评价,还要对学生素养发展的其他方面进行系统性的评价,如学生的科学思维水平、生命观念的达成情况、科学探究能力的变化等。对于评价内容的选择,要根据学习目标来确定,二者保持一致。

(四)评价过程持续化

学生的生物学科核心素养是在学习过程中逐渐养成的,不能一蹴而就。在评价过程中,需要收集学生在不同学习活动、不同学习主题、不同学习阶段中关于生物学科核心素养的具体表现,以此为依据判断学生素养的发展水平。因此,评价的过程需要持续进行,才能有利于系统地对学生的素养表现进行评价和反馈。

(五)评价结果客观化

在评价结果方面,应基于学生在特定学习活动中的任务完成情况,客观地记录他们在各个评价目标上的具体表现。这是学习目标达成度的直接体现。然后,基于此对教学设计的适切性和教学改进策略做出判断。如果在评价过程中缺乏学生表现的证据,凭借缺乏理论依据的感性判断做出的教学决策是不可取的,也无法实现精准的教学改进。

六、厘清单元教学思路

依据课程标准、学情等整合课程内容,选择单元教学策略,设计以

"情境—问题—活动"为主线的单元教学体系,增进教学的综合性和整体性,使得学生能够针对较复杂的认知目标进行学习,参与高阶思维活动。

(一)创设单元学习情境

从某种特定情境中产生的生物学科知识,在情境中才能焕发生命力。通过创设科学真实的生物学情境,引发学生共鸣,营造一种轻松愉快的学习氛围,让学生积极地感知、理解、整合情境中的相关信息来学习知识,解决真实情境中的实际问题,从而帮助学生经历生物学知识产生的过程,提高生物科学素养。

(二)提出单元学习核心任务

基于单元学习情境,提出核心任务,逐步呈现系统化和多样化的学习材料,进一步设计系统、有层次的子问题或子任务,使学生在解决子问题、完成子任务的过程中解决核心问题,建构重要概念,提高生物学核心素养。

(三)设计教学流程

基于教学基本要素的分析,依据单元教学目标,选取合适的教学策略,创设科学、真实、适宜的单元学习情境,提出连贯一致的单元任务(或问题),设置单元学习活动,完成一系列彼此相关、层层递进的教学设计,构建学生学习重要概念的台阶,逐步实现单元教学目标。

教师不仅需要通过创设真实丰富的学习情境、设计合理的学习活动、提供丰富多样的学习资源等,更需要将学习的主动权还给学生,引导他们一步一步地深入学习并掌握知识,从而构建自己的知识体系。

总之,单元教学设计有利于教师追求学科教学目标的有效设计和持续落实,而不拘泥于一个课时的内容来落实学科核心素养;有利于教师在具体单元中更好地确定该单元最有育人价值的教学目标,以教学情境、问题和活动为载体,为核心素养的最终养成打下坚实的基础。因此,单元整体教学设计是学科核心素养有效落实的重要手段,值得在教学实践中深入研究。

第二章　探索细胞的奥秘

第一节　单元教学流程

一、单元教学分析

（一）课标分析

本单元教学围绕大概念"生物体具有一定的结构层次,能够完成各项生命活动"展开,帮助学生建立重要概念"细胞是生物体结构和功能的基本单位"。课程标准要求本单元开展练习使用光学显微镜,制作植物细胞、动物细胞的临时装片,用显微镜观察细胞结构等实验探究活动,使学生形成对细胞结构的感性认识。在此基础上,引导学生通过比较、归纳等方法,认识动物细胞、植物细胞的基本结构,找出不同类型细胞的共同特征,尝试制作植物细胞或动物细胞的结构模型。联系并创设与细胞结构和功能有关的生活现象、细胞学说的科学史材料、与细胞有关的科学研究成果等情境,认识"细胞不同结构的功能各不相同,共同完成细胞的各项生命活动"。通过本单元学习,学生能够认识细胞是生物体结构和功能的基本单位,初步理解细胞的多样性和统一性,形成结构和功能、部分和整体相统一等观念,逐步形成科学的自然观。

（二）学情分析

本单元学习前学生已初步了解什么是生物学、什么是生物，但是生物体的基本单位细胞是什么样的，学生不知道，也没有掌握观察细胞、认识细胞的基础和基本技能。学生才步入七年级，刚刚涉及探究实验，在实验能力和创新思维等方面的训练有限，所以本单元让学生练习使用光学显微镜，制作植物细胞、动物细胞的临时装片，用显微镜观察细胞结构等实验探究活动，使学生形成对细胞结构的感性认识。在此基础上，学生通过比较、归纳等方法，找出不同类型细胞的共同特征，尝试制作植物细胞或动物细胞的结构模型，认识动物细胞、植物细胞的基本结构，通过建立"细胞是生物体结构和功能的基本单位"重要概念，提高学生的实验操作技能、科学思维能力和建模能力。

二、单元概念解析

本单元在课程标准中由5个次位概念共同聚焦重要概念"1.1 细胞是生物体结构和功能的基本单位"。该重要概念的几个次位概念基本是按照从特殊到一般、从宏观到微观、从具体到抽象依次建构的。对本单元的概念体系进行重新排布，即从生物学事实出发构建次位概念、重要概念，如图2-1所示。

重要概念	1.1 细胞是生物体结构和功能的基本单位

1.1.4 细胞不同结构的功能各不相同，共同完成细胞的各项生命活动　　1.1.5 细胞核是遗传信息库

次位概念	1.1.2 动物细胞、植物细胞都具有细胞膜、细胞质、细胞核等结构	1.1.3 植物细胞具有不同于动物细胞的结构，如叶绿体和细胞壁

1.1.1 一些生物由单细胞构成，一些生物由多细胞组成

生物学事实	观察大量动植物体的组织细胞，观察草履虫的结构和生活

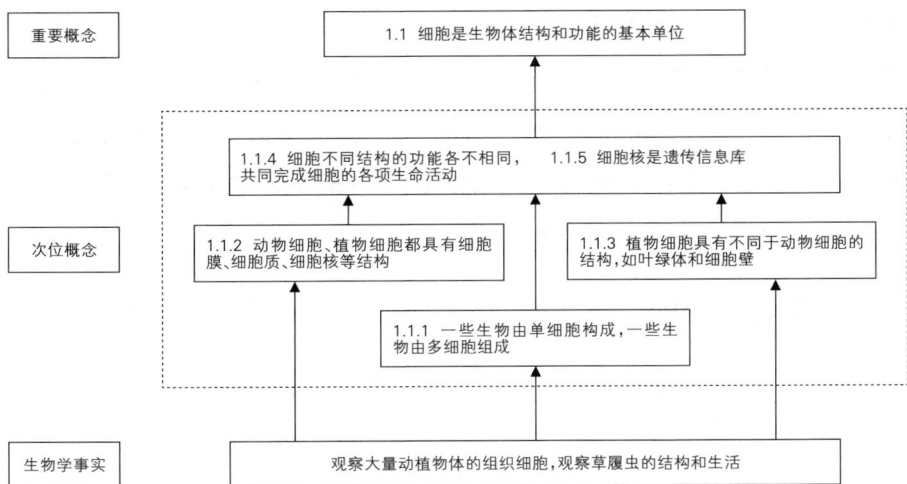

图2-1　单元重要概念的进阶路径

三、单元教学目标

1.通过学习有关细胞学说的科学史和显微镜技术发展资料，认识科学、技术、社会的关系。

2.通过制作并观察动植物细胞的临时装片，对细胞结构建立感性认识。

3.通过观察多种动植物细胞的结构，尝试制作动植物细胞结构模型，比较、归纳出不同类型细胞的共同特征。

4.通过对相关生活现象和研究成果等进行分析，概述细胞不同结构的功能，阐明"细胞不同结构的功能各不相同，共同完成细胞的各项生命活动"。

四、单元评价目标

利用检核表，对学生显微镜的使用、临时装片的制作、绘制的细胞结构简图情况进行评价。利用评分规则，对学生制作的植物细胞或动物细胞结构模型进行评价。用恰当、具体生动的语言对学生回答问题、

参与活动、讨论发言、实验操作等方面的表现进行即时性评价。以实验成像不佳显微照片为情境,分析成像不佳等情况的可能原因。以植物细胞、动物细胞的显微照片或模式图为情境,识别植物细胞和动物细胞的结构,回答细胞各结构的功能,比较植物细胞和动物细胞的异同点。完成观察细胞基本结构的实验报告。

五、单元教学思路

(一)单元情境

在自然界中存在着数百万种生物,有植物、动物、微生物等,它们外形千差万别、大小相差悬殊、生活环境各不相同,但是它们却表现出相似的生命活动特征,那么各生物体在结构上有没有共性特征呢?

(二)核心任务

探索不同生物体的基本组成结构,认同不同的生物体(除病毒)都是由细胞组成的。

(三)教学流程

以支撑本单元重要概念所需的次位概念为课时学习主题,课时教学以问题、任务、活动与评价为主线展开。本单元教学流程如图 2-2 所示。

重要概念（单元概念）		细胞是生物体结构和功能的基本单位		

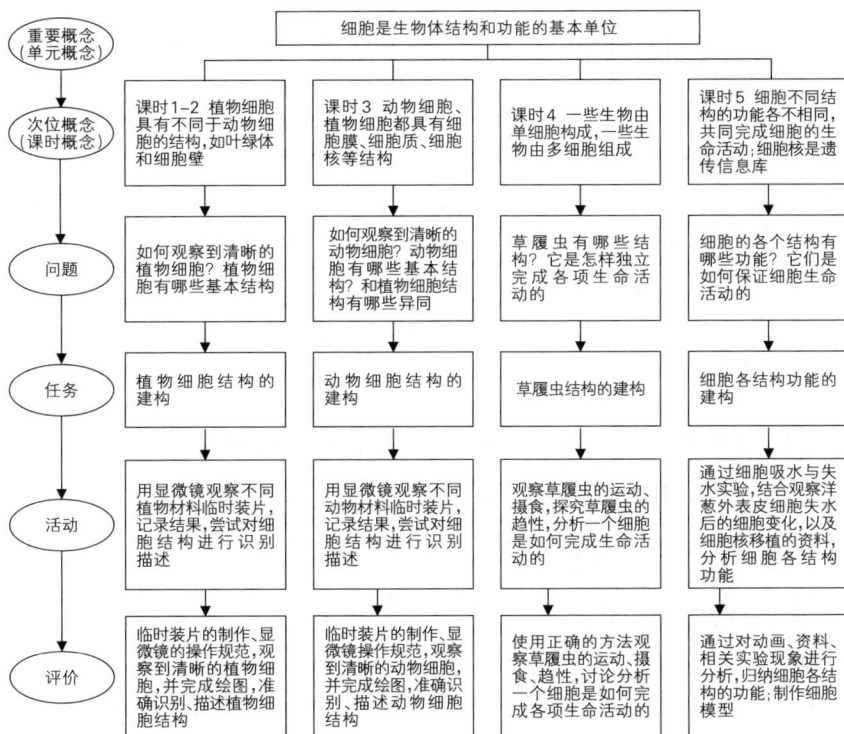

图2-2　单元重要概念教学流程

第二节　课时教学设计

课程内容	课时安排	课型
第一节　练习使用显微镜（实验1课时）	2	新授、实验
第二节　植物细胞（实验1课时）	2	新授、实验
第三节　动物细胞（实验1课时）	2	新授、实验
第四节　细胞的生活	1	新授

一、练习使用显微镜

(一)概念分析

本课时不包含任何生物学概念,主要目的是让学生掌握生物学仪器——显微镜的使用,为后面次位概念的构建建立基础。

(二)教学目标

1.认识显微镜的结构,掌握正确、规范地使用显微镜的方法。

2.能够针对观察结果中可能出现的成像不佳等情况,从材料制备、仪器设备、操作程序等方面初步分析原因。

(三)重难点

重点:能说出显微镜各结构的名称及功能,并正确使用显微镜。

难点:可以使用显微镜观察到清晰的图像。

(四)教学流程

教学环节	教学活动	设计意图
创设单元情境	在自然界中有多种生物,它们的外形千差万别、大小相差悬殊、生活环境各不相同,但是它们却表现出相似的生命活动特征,想要知道它们在结构上是否存在共性,就需要观察它们的内部结构	通过创设单元情境激发学生探究的欲望
提出核心问题	观察生物体的内部结构要使用什么工具? 如何使用该工具呢	根据单元情境提出本课时的核心问题

续　表

教学环节	教学活动	设计意图
任务1 识别显微 镜的结构	活动1:请同学们阅读教材,两人为一小组,结合教材对照实物认识显微镜的构造,并从上往下说出各部件的名称,同时推测其功能,相互评价并纠正错误。 教师展示显微镜的结构填空图。 活动2:讲解显微镜的结构及物像的放大原理	引导学生阅读教材先了解显微镜的基本结构,再通过讲解加深印象,从而准确识别显微镜的结构
任务2 显微镜的 使用方法	活动1:请同学们观看显微镜的操作视频,并提出问题。例如,如何对光? 使用显微镜观察时,为什么在下降镜筒时眼睛要注视物镜? 观察时,用一只眼看着目镜,另一只眼睁开的目的是什么? 活动2:学生围绕问题自主探究,两人一组进行观察,一人说步骤一人进行操作,教师巡视指导,并对进行观察的物体进行绘图,完成实验报告。	引导学生观看视频,尝试自己提出问题,再通过合作去探究问题,培养学生的思维能力和探究能力。
	活动3:点评操作的过程。①显微镜的使用有取镜和安放、对光、观察三步骤,②取镜和安放,③两人一组按照课本上的指导进行对光。 教师提示:先用低倍物镜(×10或×8,即短的物镜)对准通光孔。低倍镜向高倍镜转换过程中,转动转换器时不能搬物镜,应扣住转换器的凹槽转动。在对光时,左眼看到的叫明亮视野,不叫光圈	通过学生实际操作使其掌握显微镜的使用方法,通过点评显微镜的操作激发学生的兴趣
回顾情境 交流评价	学生活动:学生使用显微镜观察永久装片中的生物材料,并进行绘图。 教师活动:根据学生的评价量表和绘图结果,总结显微镜的正确使用方法,以及生物学绘图的规范性要求,并对学生的绘图进行点评	掌握生物学绘图的方法和要求

（五）教学反思

本课时的教学任务是让学生认识显微镜的结构且能规范操作显微镜,并能观察到清晰的物像。本课时的优点是学生可以根据教材对照实物,通过看、摸、试等手段,说出显微镜的各部分构造与功能。以小组为单位学习显微镜相关知识并交流、展示、评价,以培养学生学习的能动性,充分调动学生学习的主动性,同时学生的合作交流、探究能力和解决问题的能力也得到了提高。在整个教学过程中,教师不仅仅是引导者,更是参与者,教师角色的转换体现了新课标的理念。

本课时存在不足之处:由于这是七年级学生第一次走进生物实验室,他们异常兴奋,充满好奇,各种生物器材都想尝试。因此,要强调实验安全和实验室纪律,提醒学生爱护实验器材。

（六）总体评析

本单元的情境围绕"不同的生物体(除病毒)都是由细胞构成的"展开,而绝大多数细胞都是微观的,肉眼无法直接观察。只有学会了如何使用显微镜,才能去观察动植物细胞以及一些微小的生物,所以本课时的学习为后面课时内容的学习奠定了基础,发展了学生的核心素养。

本课时的教学设计和课堂实施表现出以下特点。

1.教学上采取了"自学+(小组)探究+评价"的模式,以学生亲自动手操作为中心,精简讲授内容,调动了学生学习的积极性,让他们在质疑和寻求解疑的过程中获得各种各样的体验,整个课堂的投入度非常高。

2.改进建议:可以增加显微镜科学史内容的学习,让学生认识显微镜的发展历程,这有助于培养他们的创新意识、创新精神。

二、植物细胞

(一)概念分析

本课时关联的概念为"动物细胞、植物细胞都具有细胞膜、细胞质、细胞核等结构"和"植物细胞具有不同于动物细胞的结构,如叶绿体和细胞壁"。该概念的建构需要以下基本概念的支持:学会制作植物细胞临时装片;能用显微镜观察临时装片,并正确认识植物细胞的基本结构;能绘制植物细胞结构简图。

(二)教学目标

1.学会制作植物细胞临时装片的基本方法。

2.根据观察结果,能够客观真实地绘制植物细胞结构简图,认识植物细胞的基本结构。

(三)重难点

重点:制作并观察植物细胞临时装片,画出植物细胞结构简图。

难点:认识植物细胞结构组成,画出植物细胞结构简图。

(四)教学流程

教学环节	教学活动	设计意图
关联单元情境	创设情境:在自然界中有多种生物,它们的外形千差万别、大小相差悬殊、生活环境各不相同,但是它们却表现出相似的生命活动特征,想要知道它们在结构上是否存在共性,就需要观察它们的内部结构。 上节课我们学习了如何使用显微镜,那今天我们就来用显微镜观察植物细胞	关联单元情境,明确本课时的教学指向
提出核心问题	核心问题:把一片菠菜叶放在载物台上,操作方法都很规范,为什么看不见菠菜的细胞呢	—

续　表

教学环节	教学活动	设计意图
任务1 认识玻片标本的类型	活动1:复习光学显微镜的原理。 教师提问:刚才我们操作中为什么看不见菠菜的细胞? 如何才能看到呢? 学生分析:材料太厚了,需要切成薄片,薄到透明的程度。 活动2:认识三种玻片标本。 切片——用从生物体材料上切取的薄片制成; 涂片——用液态的生物材料经过涂抹制成; 装片——用撕下或挑取的少量生物材料制成。 教师用图片展示三种类型。 教师:这三种玻片都可以做成永久的或临时的	回顾旧知,提出新问题,引导学生思考本课时的核心问题。 图片更加直观
任务2 制作并观察植物细胞临时装片	活动1:请学生观看提前录制的微课,了解操作流程。 活动2:学生自主学习教材第43页,明确操作要领:擦→滴→撕→展→盖→染→吸→观。 活动3:学生动手操作后,反馈遇到的问题 1.为什么看到的细胞模糊,视野还很暗? 2.视野中边缘黑色,中间亮亮的是细胞吗? 3.为什么边缘染上颜色,里面很难上颜色? 引导学生再次阅读教材,小组讨论、分析: 1.撕取的内表皮太厚了,导致细胞重叠; 2.不是细胞,是气泡,在盖盖玻片的时候要注意; 3.可能是滴的水太少了,碘液进不去。 活动4:学生再次动手操作,并完成评价量表,教师巡视指导。 活动5:制作金鱼藻叶片细胞临时装片并观察,比较洋葱鳞片叶内表皮细胞与金鱼藻叶片细胞有哪些相同的结构。 学生发现:金鱼藻叶片细胞中有绿色的结构,洋葱内表皮细胞中没有。 小组讨论、交流	引导学生通过自主学习,动手操作后尝试提出问题,再通过合作去探究问题,培养学生的思维能力和探究能力。 通过表现性评价量表进行自评、互评,领悟操作要领。 培养比较、分析的科学思维

教学环节	教学活动	设计意图
任务3 绘制细胞 结构简图	活动:绘制细胞结构简图(以洋葱鳞片叶内表皮细胞为例)。要求如下: 1.在视野内找到一个结构清楚的细胞; 2.遵循实事求是的原则,用铅笔轻轻画出细胞的轮廓,图的大小要适合,各结构比例适中; 3.细胞的明暗部分用"铅笔点"的疏密表示,细胞核的颜色深,用密集的"铅笔点"表示的时候,铅笔要与绘图纸垂直; 4.图画好后要用文字说明,字尽量注在右侧,用直尺引出水平的指示线,字应上下对齐,最后在图的下方写上所画图形的名称	培养实事求是、科学严谨的生物绘图技能
任务4 认识植物 细胞的基 本结构	活动1:学生自学教材第44~45页,了解植物细胞的结构。 活动2:投屏展示优秀绘图作品,并让学生说出各部分的结构名称。 活动3:讲解植物细胞各部分结构及功能。 活动4:展示不同的植物细胞结构图,让学生总结植物细胞的基本结构包括细胞壁、细胞膜、细胞质、细胞核等	培养学生的语言表达能力以及分析、归纳的科学思维
任务5 制作植物 细胞模型	活动:课后利用身边的环保材料,制作植物细胞模型,要求科学、美观	以作业的形式培养动手实践能力
回顾情境 交流评价	结合单元情境进行交流评价: 1.被观察的物体要满足什么条件才能在显微镜下看清; 2.所有生物的内部结构都是一样的吗？如植物和动物	教师依托单元情境开展评价活动,实现情境的前后呼应,从而引入下一节课的学习

(五)教学反思

本课时让学生通过微课、阅读教材等自主学习方式,掌握主要内容,然后自己动手操作,从中发现问题,再阅读教材解决问题,充分体现了学生自主学习的主体性,发展了学生的实践能力和分析、归纳等科学思维。

本课时存在的不足之处:在组织学生动手操作方面,时间安排不够合理,把握教学节奏方面有待进一步提高。

（六）总体评析

1.让学生自主解决产生的问题。本课时的重点是学会制作临时装片和认识、归纳植物细胞的基本结构。本课时需充分引导学生运用所学知识解决操作中遇到的问题，让学生体验到学习的成就感。

2.体现跨学科实践理念。本课时以"细胞是生物体结构和功能的基本单位"为重要概念，统领整个单元的教学内容，学习结束后让学生利用身边的材料制作植物细胞模型，直观地表征相应的结构与功能，提升探究实践能力。

3.改进建议。由于时间有限，未能顾及每位学生，有些学生的操作过程和结果没有看到，课后可以利用社团活动进行强化练习。微课可以提前发布，让学生课前观看，从而节约时间。同时，讲解植物细胞各结构的功能时，可以举些生活中的事例，便于学生理解，如细胞壁相当于学校的围墙，细胞膜相当于学校的保安。

三、动物细胞

（一）概念分析

本课时的概念为"动物细胞具有细胞膜、细胞质、细胞核等结构"。该概念的建构需要以下基本概念或证据的支持：学会制作动物细胞临时装片；能用显微镜观察临时装片，并正确认识动物细胞的基本结构；能绘制动物细胞结构简图；知道动植物细胞结构上的异同点。

（二）教学目标

学会制作动物细胞临时装片的基本方法；根据观察结果，能够客观真实地绘制动物细胞结构简图；认识动物细胞的基本结构。

（三）重难点

重点：能够利用提供的动物材料制作临时装片，并绘制细胞简图；使用显微镜观察细胞，并尝试识别、描述动物细胞的结构。

难点：认识动植物细胞的基本结构，并能说明动物细胞与植物细胞基本结构的异同点。

（四）教学流程

教学环节	教学活动	设计意图
关联单元情境	在自然界中有多种动物，它们的外形千差万别、大小相差悬殊、生活环境各不相同，但是它们却表现出相似的生命活动特征，想要知道它们在结构上是否存在共性，就需要知道它们的基本结构	通过单元情境的创设激发学生探究的欲望
提出核心问题	核心问题：植物细胞的结构我们已经观察过了，那么动物细胞的结构是什么样的呢？想观察自己细胞的结构吗	—
任务1 人体口腔上皮细胞临时玻片标本的制作	活动1：阅读材料的内容并进行临时装片的制作 在复习植物细胞临时玻片制作的基础上，对比得出人的口腔上皮细胞临时装片的制作过程。 1.用洁净的纱布把载玻片和盖玻片擦拭干净； 2.在载玻片的中央滴一滴生理盐水； 3.用消毒牙签在自己漱净的口腔内侧壁上轻轻地刮几下； 4.把牙签上附有碎屑的一端，放在载玻片上的生理盐水中涂抹几下； 5.用镊子夹起盖玻片，使其一边先接触载玻片上的水滴，然后缓缓地盖在水滴上，防止产生气泡； 6.在盖玻片的一侧滴加稀碘液，用吸水纸从盖玻片的另一侧吸引，使染液浸润标本的全部。 活动2：老师提出问题，学生讨论。 1.在载玻片中央滴什么？目的是什么？浓度是多少？ 2.将附有碎屑的一端放在载玻片上的生理盐水中均匀涂抹的目的是什么？ 3.用显微镜观察人的口腔上皮细胞时，显微镜的视野应该调得亮一些还是暗一些？为什么？ 4.污点和气泡有什么区别	引导学生了解人的口腔上皮细胞临时玻片的制作过程，再通过小组讨论得出制作过程。 学生的学习能力有所差别，通过讨论问题，可以让学生更好地理解操作方法

教学环节	教学活动	设计意图
任务2 人体及动物细胞的结构	活动1:认识动物细胞的基本结构。 教师提供其他动物不同的细胞永久装片,让学生仔细观察,并总结动物细胞的共同特征。 活动2:绘制观察到的动物细胞结构简图。 活动3:比较动物细胞与植物细胞基本结构的异同点	引导学生观察动物细胞,总结动物细胞的共同特征,并和植物细胞结构进行对比
任务3 动物细胞模型的制作	材料:塑料袋、小番茄、清水	通过模型制作,让学生理解动物细胞的结构
交流评价	学生活动:总结动物细胞的结构特征,并与植物细胞的结构进行对比 教师活动:根据学生的评价量表,总结人的口腔上皮细胞临时装片的制作注意事项,并概括动物细胞的共同特征	通过师生的共同总结,巩固知识

(五)教学反思

生物学中很多微生物是肉眼看不到的,多媒体教学可以起到很好的作用,它能使抽象知识直观化、具体化。本课时利用互联网,通过多媒体让同学们展示交流,培养学生自主学习、提取信息、自主发现问题和解决问题的能力。互联网使教师实现了资源共享,从中找到大量的资料和动画,使课堂更生动、形象,学生参与度高了,喜欢上了这样的课堂,自然就提高了课堂学习的效率。

学生通过课前预习、自主学习实验步骤,发现问题并互相解答问题,培养了他们发现问题、解决问题的能力,也拓宽了学生的视野。小组展示让学生的语言表达能力得到了锻炼,学会了用生物学术语解答问题,还渗透了态度责任方面的培养。本课时通过微观知识的教学和一些隐藏的悬念,如"生物是由细胞构成的""细胞的观察与画法"等,激发了学生探索微观世界的兴趣,培养了学生做生物实验时的科学态度和实事求是的态度。

(六)总体评析

本课时的教学设计思路清晰,对教学点的把握可圈可点。教学中运用了网络、视频、图片等多媒体教学资源使教学内容全面而丰富。此外,本课时强调对学生科学探究能力和探究精神的培养,体现了对学生核心素养的提升。小组协作学习和探究式学习是本课时的一大亮点,教学不再是传统的教师单方面的说教过程,学生成为学的主体,教师是整个学习过程的引导者,从而培养学生的合作精神,启发探究式学习思维,让学生勤于思考、乐于动手。让学生自己动手,不仅提高了学生的课堂参与度,加深了学生对知识的理解和掌握,还能激发学生的学习兴趣。

四、细胞的生活

(一)概念分析

本课时的概念为"细胞不同结构的功能各不相同,共同完成细胞的各项生命活动"。该概念的建构需要以下基本概念或事实证据的支持:细胞中物质的组成,细胞中各结构名称及作用,细胞生命活动能量的来源,细胞核是细胞的控制中心。

(二)教学目标

了解细胞中的物质及其相关功能或作用,理解细胞中物质和能量的转换,理解细胞核是遗传控制中心。

（三）重难点

重点：细胞中含有的物质，以及细胞膜控制物质进出；描述细胞质中的线粒体和叶绿体在能量转换方面的作用；理解细胞中的物质和能量；理解细胞核是遗传控制中心。

难点：细胞膜的作用，叶绿体和线粒体能量转换的作用，细胞核是遗传控制中心。

（四）教学流程

教学环节	教学活动	设计意图
关联单元情境	通过前面的学习，我们分别观察了多种植物、动物以及草履虫的基本结构，了解到它们都是由细胞构成的。它们的细胞结构虽然存在差异，但是具有很多共同结构，如细胞膜、细胞质、细胞核等，而且这些细胞时时刻刻都在进行神奇的生命活动	观看视频，观察细胞如何进行生命活动，激发学生的学习兴趣
提出核心问题	核心问题：细胞各结构分别具有什么功能，以共同完成细胞的各项生命活动	—
任务1 细胞中的物质	活动：探究细胞中的物质。 出示相关图片、视频资料，请同学们尝试推测细胞中含有哪些物质？ 学生通过讨论，在教师的引导下得出细胞中包含的物质，如水、糖类（淀粉）、无机盐、蛋白质、脂肪等。 通过讨论，我们知道，细胞中的物质有水、无机盐、糖类、脂肪、蛋白质等。生命活动是离不开这些物质的，这些物质之间有什么不同呢？ 展示：种子燃烧实验。请同学们观察现象，并思考：花生种子中燃烧的是什么物质？燃烧后剩下的物质是什么？ 学生得出结论：剩下的灰烬就是无机盐，燃烧掉的物质就是有机物。 演示水的喷雾，同时播放蔗糖的溶解实验视频，说明细胞中的物质都是由分子组成的	通过直观的图片、视频等增加感性认识，帮助学生形成生命的物质构成观。 通过演示实验，帮助学生了解有机物和无机物的区别

续　表

教学环节	教学活动	设计意图
任务2 细胞膜能够控制物质的进出	提问:细胞内的物质是从哪来的呢? 都是细胞生命活动需要的吗? 有的是从外界直接吸收,有的则是以吸收进来的物质作为原料,按照自身需要合成的,还有的是细胞在生命活动过程中产生的一些多余的或有害的代谢废物,如尿素、尿酸等。 提问:物质会随意穿过细胞膜吗? 实验:模拟细胞膜的物质运输过程。 实验已经提前24小时进行,现在大家分组检查实验结果: 1.用葡萄糖试纸检测烧杯中液体,观察并记录结果; 2.对比实验前后透析袋中和烧杯中液体的颜色变化; 3.小组讨论分析,汇报实验现象和实验结论。 教师结合教材示意图,对不同物质进出细胞的方式做适当的补充	通过模拟实验,对膜的特性形成更直观的认识,同时帮助学生理解细胞膜作为细胞的边界,可使细胞有稳定的内部环境,能够控制物质的进出
任务3 细胞质中的叶绿体和线粒体是能量转化器	提问:细胞是如何获得能量的呢? 前面提到了细胞中含有有机物,有机物是可以燃烧的。有机物燃烧时释放了光和热,也就是光能和热能。这说明有机物中是含有能量的,科学家称之为化学能。 展示:能量转化的实例——发动机 讲解:细胞的生命活动也需要进行能量转换,请阅读教材,思考什么是细胞中的能量转换器,经历什么形式的转换? 讲解:线粒体的能量转换。 提问:这些有机物中的能量是从哪来的? 如果他们被消耗完了怎么办? 请学生结合教材内容尝试构建细胞中能量供应、转化的流程图,其他学生进行修正和补充。 展示:通过流程图展示动植物细胞中能量的转化过程	通过类比确定不同形式的能量是可以相互转化的,减小理解能量转化概念的难度。 培养学生观察、分析问题的能力。通过类比,体验细胞中能量的转化

续　表

教学环节	教学活动	设计意图
任务4 细胞核是遗传信息库	提问:你已经知道了细胞膜、线粒体、叶绿体的功能,细胞还有一个重要结构——细胞核。它有什么功能呢? 活动:播放科学家培育克隆羊的视频。 学生通过观看视频、分组讨论,得出结论:即细胞核控制细胞的生命活动和生物的发育和遗传。 总结:细胞核中有一种非常神奇的遗传物质,它的名字叫做DNA(脱氧核糖核酸);DNA上有指导生物发育和控制细胞生命活动的全部信息,所以细胞核是遗传信息库	以探究细胞核的作用为主线,以科学家的实验为分析材料,有效突破学习难点,培养学生分析、总结的能力
回顾单元情境,聚焦概念	活动:播放细胞内部的生命活动(以分泌蛋白为例)的视频 教师引导学生回顾生物体(除病毒外),虽然形态、大小、生活环境有很大的差异,但它们都是由细胞构成的,不同生物细胞的内部结构存在差异,但是也存在很多共同结构,如细胞膜、细胞质、细胞核,它们共同完成细胞的各项生命活动。 利用创造的课时情境与单元情境首尾呼应,构建重要概念:细胞是生物体结构和功能的基本单位。请学生结合本节内容,思考如何才能让人造皮肤细胞活下去,书写报告并上交	引导学生在感性认识的基础上,通过比较、归纳等方法认同生物都是由细胞构成的

（五）教学反思

　　细胞的生活是微观领域的认知,对学生而言,本课时内容中的"物质"和"能量"都很抽象。如果平铺直叙地讲解,学生会感到枯燥无味,很难理解。所以,在教学过程中要适当创设情境,尽量贴近学生的生活,让学生分析生活中的一些小常识,了解其中的生物学道理。例如,通过演示实验"糖在水中的溶解",使学生理解物质是由分子组成的,分子之间是有间隙的,分子处在不断地运动之中;通过模拟细胞膜运输物质的实验,使学生理解活的细胞膜可以阻挡某些不需要物质的进入。生物学是一门以实验为基础的课程,所以实验教学是初中生物教学活动的重中之重,是培养学生生物核心素养的有效途径。通过制作微课"多莉的诞生",在介绍克隆羊多莉的基础上,让学生认识到细胞核是遗传信息库。

（六）总体评析

在本课时内容中,学生通过教师演示、操作模拟实验、观看实验视频、资料分析讨论等多种教学形式,有效突破了学习内容的重难点。但学生在讨论、合作活动中的参与度有待提高,需要教师在有效激励和引导的同时,思考本节内容应如何编排其逻辑架构,如何紧紧围绕细胞生命活动这个中心主题。

第三章　生命大厦的建构

第一节　单元教学流程

一、单元教学分析

(一)课标分析

　　本单元是《义务教育教科书·生物学七年级上册》(人民教育出版社2012年版)第二单元第二章的内容,主要包括细胞通过分裂产生新细胞、动物体的结构层次和植物体的结构层次。本单元围绕重要概念"1.2生物体的各部分在结构上相互联系,在功能上相互配合,共同完成各项生命活动",通过构建三个次位概念,让学生知道细胞能分裂和分化形成不同的组织,了解生物体的结构层次,认同生物体在结构和功能上是一个统一整体。

(二)学情分析

　　学生在前一个主题单元已经了解了细胞的基本组成结构,能说出动物细胞、植物细胞都具有细胞膜、细胞质、细胞核。学生已经知道单细胞生物是由一个细胞直接构成的一个生物体,为后面学习多细胞生物体的结构层次奠定了基础。学生通过本单元的学习,可以知道绿色开花植物和动物体的结构层次都包括细胞、组织、器官和个体,进而能够初步认识到生命系统中的物质具有层次性,为认识更为复杂的生命系统层次,如种群、群落、生态系统、生物圈等奠定基础。

二、单元概念解析

本单元在课程标准中由3个次位概念共同聚焦重要概念"1.2生物体的各部分在结构上相互联系,在功能上相互配合,共同完成各项生命活动"。本单元的概念体系可以进行重新排布,即从生物学事实出发构建次位概念、重要概念,如图3-1所示。

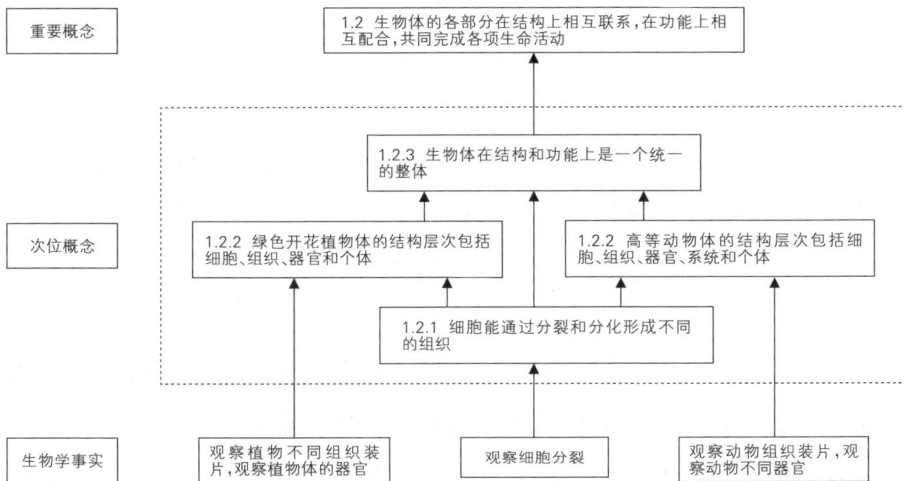

图3-1 单元重要概念的进阶路径

三、单元教学目标

观察动植物细胞分裂动画,描述细胞分裂的基本过程。观察人体组织切片,概述人体组织是由细胞分裂、分化形成的。联系人体自身结构,通过观察分析,归纳出人体的结构层次。通过观察番茄植株的结构,归纳绿色开花植物体的结构层次。认同生物体在结构和功能上是一个统一的整体。

四、单元评价目标

在制作染色体模型的过程中,能够说明细胞分裂过程中染色体的变化规律。在观察人体组织切片时,能分析出人体的四种基本组织是由细胞分裂分化形成的细胞群。能够说出人体以及绿色开花植物体的结构层次。通过观察番茄植株,能够从结构和功能的角度阐明植物体是一个统一的整体。通过分析人体结构,能够从结构和功能的角度阐明人体是一个统一的整体。

五、单元教学思路

(一)单元情境

一个小小的受精卵细胞能发育成人体,一粒小小的种子能发育成完整植株,细胞是怎样构成生物体的?

(二)核心任务

描述细胞分裂和分化的基本过程,知道细胞通过分裂和分化形成各种组织;认识人体和植物体的主要组织,识别给定生物材料所属的结构层次;理解生物体各个结构相互协调才能完成各项生命活动,初步形成生物体结构与功能相适应的观点。

(三)教学流程

以支撑本单元重要概念所需的次位概念为课时学习主题,课时教学以问题、任务、活动与评价为主线展开。本单元教学流程如图3-2所示。

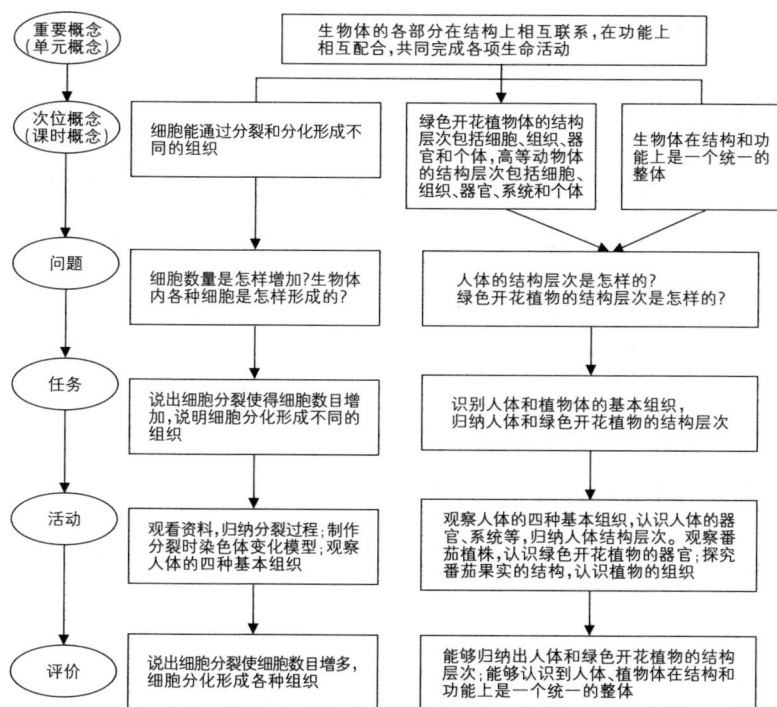

图3-2 单元重要概念教学流程

第二节 课时教学设计

课程内容	课时安排	课型
第一节 细胞通过分裂产生新细胞	1	新授
第二节 动物体的结构层次	1	新授
第三节 植物体的结构层次	1	新授

一、细胞通过分裂产生新细胞

(一)概念分析

本课时的概念为"细胞能通过分裂和分化形成不同的组织"。该概念的建构需要以下基本概念或证据的支持:细胞通过分裂产生新细胞,细胞分裂的基本过程。

（二）教学目标

要求能描述细胞分裂的过程,说出细胞分裂过程中染色体变化的结果。理解细胞不能无限长大,归纳生物体由小长大的原因。了解癌症,关注身体健康。

（三）重难点

重点:细胞分裂的基本过程。

难点:细胞分裂过程中染色体的变化。

（四）教学流程

教学环节	教学活动	设计意图
创设单元情境	一个小小的受精卵细胞能发育成人体,一粒小小的种子能发育成完整植株	通过设置单元情境,统领单元教学内容
提出核心问题	1.生物体内的细胞数目是怎样增加的? 2.植物细胞和动物细胞分裂的基本过程是怎样的? 3.细胞分裂过程中染色体的行为变化以及结果是怎样的	将情境中隐含的现实问题转变成学科问题,引导学生思考
任务1说出细胞分裂使细胞数目增多	展示几名学生各年龄段的照片,大家生命的起点只是受精卵这一个细胞,而成年人身体里的细胞数可达到10^{14}个。一个细胞是怎么变成这么多细胞的呢? 播放一段人体受精卵发育成胎儿的视频,提问学生可以看出细胞发生了什么变化? 学生活动: 1.观看视频; 2.说出细胞数目增多等知识。 根据学生的回答,提出问题,什么是细胞分裂? 引出今天的主题"细胞通过分裂产生新细胞"	从生活出发,再辅以视频,让学生有话可说,激发学习兴趣

续　表

教学环节	教学活动	设计意图
任务2 细胞分裂的基本过程	细胞分裂就是一个细胞分裂成两个细胞。以动物细胞为例,播放相关视频,请学生描述动物细胞分裂过程中细胞膜、细胞质、细胞核的变化以及先后顺序。 植物细胞和动物细胞有什么区别?学生猜想以后播放动画,最后比较动植物细胞分裂基本过程的异同点。 学生活动:观看视频后描述动物细胞分裂的基本过程,讨论动植物细胞分裂基本过程的异同	通过播放细胞分裂的视频,可以让学生更加直观地认识该过程
任务3 细胞分裂过程中染色体的变化及结果	展示洋葱根尖细胞分裂图片。教师提问:那些被染成深色的物质是什么?从而引出染色体。 学生自学染色体相关知识,画出细胞核、染色体、DNA的位置关系图。 出示资料:常见动植物的染色体数目 引导学生观察处于不同分裂阶段的细胞。教师提问:在细胞分裂过程中,为什么会有染色体形态的变化?分裂产生的新细胞染色体数目会发生变化吗? 学生以小组为单位,首先给处于不同分裂阶段的细胞排序,然后制作细胞分裂过程中染色体变化的模型,最后小组间展示交流,师生共同讨论。 学生活动: 1.观察处于不同分裂阶段的细胞,猜测细胞分裂产生的新细胞染色体数目是否发生变化; 2.根据教师提供的资料信息,小组合作完成排序和模型制作; 3.小组间展示交流,思考得出结论	组织学生观察"洋葱根尖细胞有丝分裂"图,让学生有直观的认识。 通过建构物理模型来模拟染色体的动态变化突破重难点。学生合作完成贴图演示染色体的变化过程,体会染色体复制均分,通过建模将抽象的知识变得直观

续　表

教学环节	教学活动	设计意图
任务4 细胞生长	细胞分裂后会不会越来越小？引导学生猜测：细胞如分裂则会越分越小。 追问：细胞会不会无限长大？播放生物兴趣小组提前录制的视频：以大小不同的土豆块代表大小不一的细胞，浸润在稀碘液中，相同时间内取出切开，观察土豆块变蓝的情况，并计算相对表面积。 学生活动：观看微课视频，理解细胞为了更好地吸收周围环境中的营养物质，当生长到一定程度时就不再长大的道理。 引导学生归纳生物体由小长大的原因。 师生总结	让学生采用类比实验、观察、计算和对比等方式，理解抽象的数理关系，有利于创新思维的形成和科学素养的提高
任务5 完成评价 量表	小组内同学完成评价量表	自评和互评，促使学生积极参与小组学习
回顾情境 交流评价	学生对本节三个核心问题进行交流反馈： 1.生物体细胞数目是通过细胞分裂不断增加的； 2.细胞分裂的大致过程：核→质→膜(壁)	首尾呼应，检验学生目标达成情况

（五）教学反思

　　本课时采用建模的方法进行教学，目的是充分发挥学生的主体作用，在课堂中实现深入学习，培养学生的跨学科实践能力、探究能力，发展学生的科学思维，提高生物核心素养。模型建构不仅是一种科学研究的重要方法，也是帮助学生深入理解生物学知识本质特征的有效手段。模型让各种抽象复杂的结构或问题得以简化，有助于学生抓住事物的本质特征。构建合理的模型在实际课堂教学中能很好地解决某一重难点，引导学生积极参与，深度学习，加深对生命本质的理解。教学过程中,学生思维碰撞过程中即时生成的问题都会带给教师新的挑战。

(六)总体评析

本课时综合运用数学、物理、化学等知识开展跨学科活动,通过建模等跨学科实践活动,设计学习任务,让学生积极参与,加深对生物学知识的理解。

改进建议:本节动植物细胞分裂的基本过程通过视频展示,转瞬即逝,教学效果不佳,因此可以尝试通过贴图等动手操作,加深学生对细胞分裂过程的认识。

二、动物体的结构层次

(一)概念分析

本课时的概念为"高等动物体的结构层次包括细胞、组织、器官、系统和个体"和"生物体在结构和功能上是一个统一的整体"。该概念的建构需要以下基本概念或证据的支持:细胞分化形成不同的组织,组织进一步形成器官构成系统和人体,人体的任何一项活动都是由多种系统协调配合完成的。

(二)教学目标

说出组织的概念,能概述构成人体的组织是细胞分裂、分化形成的。通过观察人体四种组织装片,识别人体的四种组织。描述人体的结构层次:细胞、组织、器官、系统、人体。通过人体各结构层次的学习,培养学生的归纳能力,树立生物体是一个整体的生物学观点。

（三）重难点

重点：细胞通过分化形成四种基本组织，人体四种基本组织的特点及功能。从微观到宏观对人体形成完整认识。

难点：细胞的分化。

（四）教学流程

教学环节	教学活动	设计意图
关联单元情境	播放受精卵发育成胎儿的视频	贴近学生生活
提出核心问题	1.人体内不同种类的细胞是怎样形成的？ 2.人体有哪四种基本组织？各种组织有什么特点和功能？人体的结构层次是怎样的？	从情境中提炼学科问题，引导学生思考
任务1 建构细胞分化的概念，归纳细胞分化形成不同的组织	活动一：展示人体不同种类的细胞图片，引导学生观察其形态、讲述功能 设问：人体是由受精卵发育而来，这些形态结构不同，功能各异的细胞是怎样形成的？ 展示受精卵经过多次分裂后再分化形成不同种类细胞的动画，引导学生补充图片，展示细胞分化的过程。 设问：分化后的不同细胞是随机地交织在一起还是形成了有序的结构呢？ 活动2：指导学生使用显微镜观察人体四种基本组织的永久切片 学生活动：明确所观察的组织→用显微镜观察这种组织的形态结构→描述这种组织细胞的特点。 师生归纳：细胞分化形成不同种类的细胞，这些细胞进一步形成不同的组织。因此，组织是形态相似、结构功能相同的细胞联合在一起的细胞群	通过观察和绘图，强化对细胞分化概念的理解。 通过先猜想，再直观感知，最后理性归纳的方式，建构概念

续 表

教学环节	教学活动	设计意图
任务2 识别人体的四种基本组织	引导学生结合教材插图,再次通过显微镜观察人体的四种基本组织。 学生活动:阅读插图下面的文字,尝试用表格的形式比较四种基本组织的细胞组成、细胞形态、结构特点,以及排列情况、分布、功能等。 展示其他人体组织的图片,引导学生观察,丰富认识	通过观察识别,培养学生的显微观察能力以及列表比较能力
任务3 认识人体的器官,分析器官组成	出示常见的胃部病例,引导学生分析具有消化功能的胃中有哪些基本组织。 胃酸:分泌功能→上皮组织;胃疼:感知功能→神经组织;胃出血:血液→结缔组织;胃蠕动:收缩舒张→肌肉组织。 师生总结:胃是由多种组织构成的具有一定功能的结构。 展示其他人体器官的图片,指导学生分析其组织构成和功能	通过观察熟悉的器官,贴近学生生活,激发学生兴趣
任务4 认识人体的八大系统,归纳人体的结构层次	仅仅依靠胃不能完成食物的消化,还有哪些器官和消化吸收有关? 学生讨论:口腔、咽、食道、胃、小肠、大肠、肛门等器官联系在一起,才能完成食物的消化和吸收,这就是消化系统。 师生总结:多个器官按照一定的次序组合在一起,就构成了系统。 展示其他系统的图片。 组织讨论:其他系统的器官组成、功能,如跑步时,有哪些系统的参与? 设问:细胞怎样构成一个完整的人体? 师生总结:细胞→组织→器官→系统→个体	通过多种器官构成系统,多种系统协调配合构成人体,归纳出结构层次
回顾情境 交流评价	学生对本节三个核心问题进行交流反馈: 1.在个体发育的过程中,一个或者一种细胞分裂产生的后代,在形态、结构、功能上发生差异性变化,形成不同种类的细胞; 2.人体有肌肉组织、上皮组织、结缔组织、神经组织,其特点和功能有哪些? 3.人体的结构层次:细胞→组织→器官→系统→个体	首尾呼应,检验学生目标达成情况

（五）教学反思

本节采用了自主、合作、探究式的学习方法，创造性地设计实验，引导学生参与讨论。

本节注重培养学生的科学素养，引导学生观察、讨论、分析、亲自动手实验、绘图等，较好地培养学生的各项基本能力以及生物学核心素养。另外，课堂上多处运用动画、图片等，营造出"知其然而不知其所以然"的问题情境，引发学生思考，激发学生的求知欲和学习热情。

（六）总体评析

本节自始至终以人体自身为探究点，联系人体自身开展教学活动，引发学生兴趣，加深学生理解。

改进建议：有关"皮肤是器官还是组织"这一问题，可设置单独的教学活动，引发学生思考讨论。

三、植物体的结构层次

（一）概念分析

本课时的概念为"绿色开花植物的结构层次包括细胞、组织、器官和个体"和"生物体在结构和功能上是一个统一的整体"。该概念的建构需要以下基本概念或证据的支持：绿色开花植物有根、茎、叶、花、果实、种子六大器官，每种器官由不同的组织构成；植物体的六大器官相互配合，共同完成生命活动。

（二）教学目标

概述植物体的各种组织是由细胞分裂和分化形成的，从而加深对"细胞能通过分裂和分化形成不同的组织"概念的理解。识别植物体的几种主要组织,通过对植物体基本组织的探究,获得一定的观察能力、动手操作能力和语言表达能力。描述植物体的结构层次,认同植物体是一个统一整体,形成生物体结构与功能相适应的观念。

（三）重难点

重点:识别植物体的几种主要组织,描述植物体的结构层次。

难点:识别植物体的几种主要组织,认同植物体是一个统一的整体。

（四）教学流程

教学环节	教学活动	设计意图
关联单元情境	播放一粒种子发育成一棵植物体的视频	从情境中提炼学科问题,引导学生思考
提出核心问题	1.构成植物体的组织有哪些? 2.植物体的结构层次是怎样的?	—
任务1 认识绿色开花植物的六大器官	展示新鲜的植物材料以及植物图片,引导学生观察,讨论:绿色开花植物有哪些器官? 学生归纳:绿色开花植物有根、茎、叶、花、果实、种子六大器官。 教师补充:植物体的六大器官是对于绿色开花植物而言的;蕨类植物只有根、茎、叶,没有花、果实、种子;根、茎、叶与植物体的生长有关,称为营养器官;花、果实、种子与植物繁殖后代有关,称为生殖器官	通过真实的植物体,直观感知绿色开花植物的六大器官

续　表

教学环节	教学活动	设计意图
任务2 识别绿色开花植物的基本组织	分发切好的番茄果实,引导学生观察果实结构,果皮、果肉、种子、黄白色筋络。 学生探究: 1.撕下番茄表皮,观察、拉扯,感受其韧性; 2.品尝果皮、果肉,感受其口感。 得出结论:植物体的器官是由不同的细胞组成。 师生总结:甘蔗根和茎能生长,属于分生组织;甘蔗坚韧的皮属于保护组织和机械组织;甘蔗甜汁属于营养组织;甘蔗渣属于输导组织、机械组织	通过解剖番茄果实,直观感受器官由不同的细胞组成
任务3 归纳绿色开花植物的结构层次,认识植物体是一个统一的整体	师生总结: 植物体的结构层次:细胞→组织→器官→植物体。 学生讨论:植物体和动物体结构层次的异同。 师生总结:无论从结构上还是从功能上,植物体的各部分相互依存,构成一个统一的整体	通过讨论总结,归纳出结构层次,认识到植物体是一个统一的整体
回顾情境 交流评价	学生对本节两个核心问题进行交流反馈: 1.植物体有分生组织、保护组织、机械组织、输导组织、营养组织; 2.植物体的结构层次:细胞→组织→器官→植物体	首尾呼应,检验学生目标达成情况

(五)教学反思

　　本课时采用探究式教学,以番茄这种绿色开花植物为例,引导学生主动探索、发现,总结绿色开花植物的结构层次。在探究过程中,注重通过实验、讨论等形式,不断培养学生的动手操作能力以及语言表达能力。

（六）总体评析

以常见的番茄植物为例,按照"认识器官、探究组织、描述层次、理解统一"的整体思路展开教学,引导学生主动探索,不断发现,顺其自然总结出植物体的结构层次。

改进建议:本课时只以一种绿色开花植物为例,引导学生探究,材料有些单一,可引入裸子植物、苔藓等其他类型植物,从而引导学生全面认识植物体的结构层次。

第四章　植物进化的足迹

第一节　单元教学流程

一、单元教学分析

(一)课标分析

本单元是《义务教育教科书·生物学七年级上册》(人民教育出版社2012年版)第二章的内容,主要包括生物圈中的绿色植物——藻类、苔藓、蕨类、种子植物。

教师引导学生走入自然情境,以此激发学生兴趣,学生主动完成任务、解决问题,并构建整体知识框架。因此,问题的设置要以学生的学情为基础,联系学生已有生活经验,建构新知识。课程模式由教师的教转向学生主动获取知识,并在此过程中培养学生解决问题、小组合作、整合知识的能力。

(二)学情分析

绿色植物是学生在生活中常见的,但学生不知道绿色植物可以分为哪些类群,没有仔细地观察过各类绿色植物的形态结构、生活环境等。学生具有丰富的生活经验,但如何从这些生活经验中衍生出新知识是本单元的重点。学生通过前面几节的生物学习和生活经验,已经具备一定的观察能力和归纳总结能力。所以,本单元可以以学生自行在校园中探索、收获为主,抓住各类植物与环境相适应的观点,加深学生对各类植物的理解,初步形成植物是逐步进化的观点。同时,通过"自己动手制作"和"归纳总结",增加学生对这些植物的感性认识,培养学生关注生物圈中各种各样绿色植物的兴趣。

二、单元概念解析

本单元在课程标准中由2个次位概念共同聚焦重要概念"2.2根据生物的形态结构、生理功能及繁殖方式等,可以将生物分为不同的类群"。本单元的概念体系可以进行重新排布,即从生物学事实出发构建次位概念、重要概念,如图4-1所示。

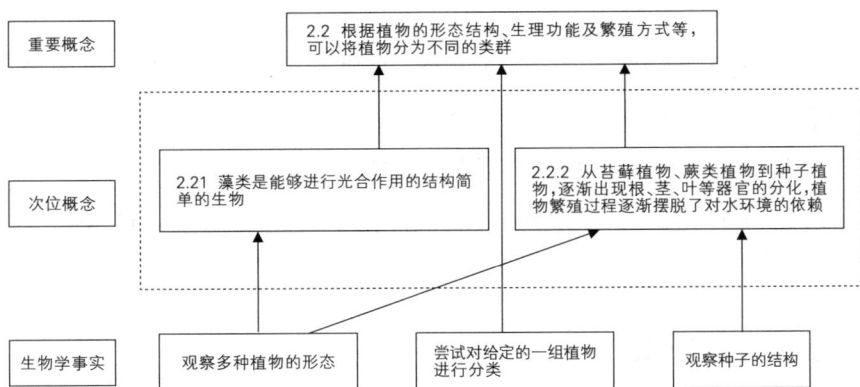

图4-1 单元重要概念的进阶路径

三、单元教学目标

1.通过对几种典型植物的观察比较,结合其他植物,归纳总结几类植物的特征,形成结构功能观、进化观。

2.通过对玉米种子、菜豆种子结构的解剖观察,归纳总结种子植物特征,区分单双子叶植物;对植物进行分类,提升观察、比较能力。

3.通过资料分析,举例说明几类植物与人类生活的关系,说明不同类群植物的形态结构特征与生活习性、生活环境相适应,形成适应观。

4.通过植物调查实践,树立爱家乡、爱护植物、保护植物多样性的意识。

四、单元评价目标

1.在自主探索校园生物中能描述出藻类、苔藓和蕨类植物的结构特征。

2.通过查阅资料、校园观察,结合生活经验,能够概括出藻类、苔藓和蕨类植物的生活环境以及它们与人类生活的关系。

3.在校园中观察植物的果实、种子等器官,能区分裸子植物和被子植物。

4.通过对不同植物种子的观察,能概括出种子的基本结构及其功能。

5.能分组合作正确制作并悬挂植物标识牌。

6.能说出所学习的植物在形态结构、生理功能等发生的变化及其意义。

五、单元教学思路

(一)单元情境

同学们,我们可以看到校园里有许多植物,为了便于老师和同学们识别和了解这些植物,我们可以给这些植物制作标识牌并悬挂。

制作植物标识牌,首先要观察植物的形态结构、生活习性等特性,通过查阅资料和生活经验识别植物的名称并了解其基本特征,以及它与人类的生活有什么关系,然后选择合适的材料制作标识牌并悬挂。

(二)核心任务

自选材料制作校园植物的标识牌并悬挂。

(三)教学流程

以支撑本单元重要概念所需的次位概念为课时学习主题,课时教学以问题、任务、活动与评价为主线展开。本单元教学流程,如图4-2所示。

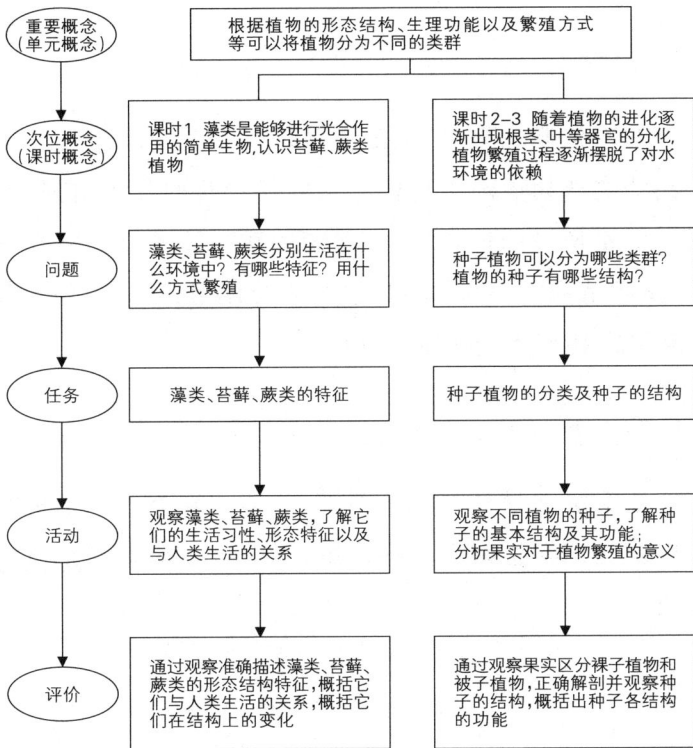

图4-2　单元重要概念教学流程

第二节　课时教学设计

课程内容	课时安排	课型
第一节　藻类、苔藓和蕨类植物	1	新授
第二节　种子植物(实验1课时)	2	新授、实验

一、藻类、苔藓、蕨类植物

(一)概念分析

本课时的次位概念为"藻类是能够进行光合作用的简单生物""从苔藓植物到蕨类植物逐渐出现根、茎、叶等器官的分化,植物繁殖过程逐渐摆脱了对水环境的依赖"。该概念的建构需要以下基本概念或证据的支持:藻类植物结构简单可以进行光合作用,苔藓植物到蕨类植物生活环境和形态特征逐渐摆脱水环境。

(二)教学目标

要求学生能够通过观察说出藻类、苔藓和蕨类的形态结构特征和生活环境以及它们在生物圈中的作用,能够自己动手制作植物标识牌并正确悬挂。

(三)重难点

能说出生物圈中不同植物类群的基本特征,藻类、苔藓和蕨类在生物圈中的作用及与人类的关系。

（四）教学流程

教学环节	教学活动	设计意图
创设单元情境	生物圈中已经知道的绿色植物有50多万种。它们形态各异,生活环境也不同,可以分为四大类群:藻类、苔藓、蕨类和种子植物。今天就让我们一起去校园里找一找藻类、苔藓和蕨类并给它们制作标识牌	通过设置单元情境,统领整个单元的教学内容
提出核心问题	1.藻类、苔藓和蕨类的生活环境? 它们的形态结构是怎样的? 2.它们是怎样繁殖的? 它们对生物圈有什么作用? 与人类有什么关系	—
任务1 寻找藻类、苔藓和蕨类植物	在校园里有很多生物,有藻类、苔藓和蕨类植物,请同学们分组去找一找这些植物并观察记录它们的生活环境。 分组寻找藻类、苔藓和蕨类植物并记录,引出今天的主题	充分利用本地的生物资源,实地开展教学,激发学生兴趣
任务2 观察藻类、苔藓和蕨类植物的形态结构	活动1:各组介绍的植物所属类群及生活环境 过渡:生活在不同环境中的藻类、苔藓和蕨类植物的形态结构是怎样的? 活动2:观察藻类、苔藓和蕨类植物的形态结构并记录	学生亲身感知藻类、苔藓和蕨类植物的生活环境及形态特征,培养学生的观察归纳能力
任务3 认同藻类、苔藓和蕨类植物在生物圈中的重要作用	过渡:这些植物与我们有什么关系呢? 在生物圈中有什么作用呢? 学生活动:联系生活经验结合教材思考。 完成表格	学生依据本节所学知识完成表格,学生之间互相评价

教学环节	教学活动	设计意图
任务4 制作标识牌并悬挂	学生分组制作标识牌并悬挂	培养学生动手能力并检测本节知识的教学效果
回顾情境交流评价	学生对本节两个核心问题进行交流反馈： 1.藻类生活在水中,苔藓植物生活在潮湿的环境里,蕨类植物生活在阴湿处; 2.藻类没有根、茎、叶的分化,苔藓植物一般都很矮小且没有输导组织,具有类似于茎和叶的分化,蕨类植物具有根、茎、叶的分化,还有输导组织; 3.藻类可用作食物、药物等,苔藓植物可用来检测空气污染,蕨类可以食用、药用,还可以当作绿肥和饲料使用	首尾呼应,检验学生目标达成情况

（五）教学反思

"开展探究性学习,把课堂还给学生"是课程改革的方向,是新课程的核心理念。本课时以任务驱动的形式让学生自主探索,主动获取知识,学生采用一边观察一边比较、小组讨论等方式进行学习。通过学生拍照记录、收集果实和种子,增加他们对这些植物的认识,观察这些植物的生长环境,增强学生对植物的认识和了解,并引起学生对植物的兴趣,使学生真正成为学习的主体。这样教学课前不用实验老师准备太多的实验材料,也避免了教师讲得口干舌燥,所有的知识均由学生共同获得。

（六）总体评析

1.以学生为主体,充分调动学生。在优美的校园环境中,让学生自主探索,合作制作,回顾知识。

2.改进建议:户外教学对教师素质要求比较高,考验教师的组织能力,需要提前做好规划,特别需要注意安全问题。

二、种子植物

（一）概念分析

本课时的概念为"从苔藓植物、蕨类植物,到种子植物,逐渐出现根、茎、叶等器官的分化,植物繁殖过程逐渐摆脱了对水环境的依赖"。该概念的建构需要以下基本概念或证据的支持:种子植物生活环境摆脱对水的依赖,形态结构出现了根、茎、叶等器官的分化;种子植物的繁殖过程摆脱了对水的依赖。

（二）教学目标

通过收集、观察、解剖种子,能够说出种子的基本结构。根据观察,能够描述菜豆种子和玉米种子结构的相同点和不同点。说出种子植物的主要特征以及与人类的关系。能够制作种子植物的标识牌并正确悬挂。

（三）重难点

重点:观察菜豆种子和玉米种子,识记种子的结构及各部分的功能。制作种子植物标识牌并正确悬挂。

难点:概述种子植物主要特征。

（四）教学流程

教学环节	教学活动	设计意图
关联单元情境	生物圈中已经知道的绿色植物有50多万种。它们形态各异,生活环境也大不同,上一节课我们已经观察了藻类、苔藓、蕨类。今天就让我们去校园里找一找种子植物,观察它们并收集一些它们的种子或果实,并制作标识牌	关联单元情境,衔接课时内容
提出核心问题	1.种子的结构和各部分的功能? 2.裸子植物和被子植物结构特点? 3.种子植物与人类生活的关系?	—
任务1 描述种子的结构及个部分功能	活动1:学生各自展示收集来的玉米种子和菜豆种子 活动2:观察种子的结构。学生先观察玉米种子的外形,后分组解剖玉米种子(提前浸软),再用放大镜观察玉米种子的各部分结构,观察并识别被碘酒染成蓝色的胚乳以及未被染成蓝色的果皮和种皮、子叶、胚根、胚芽、胚轴。学生动手操作,并完成评价量表,同桌之间使用评价量表;教师巡视指导。 活动3:学生比较菜豆种子和玉米种子的异同	通过学生动手操作,引导学生认识种子的结构。 通过表现性评价量表进行自评、互评,领悟操作要领
任务2 比较孢子植物和种子植物	我们上一节学习的三种植物都是用孢子繁殖的称为孢子植物,本节学习的是通过种子繁殖的种子植物。孢子植物和种子植物有什么区别呢? 活动4:学生归纳总结种子植物与孢子植物的区别	联系上一节知识,引导学生形成本单元知识网络,初步形成进化的观点

教学环节	教学活动	设计意图
任务3 裸子植物和被子植物的结构特点	教师:种子植物分为裸子植物和被子植物两大类群,展示学生记录的裸子植物和被子植物的图片。 学生:依据当时的观察记录、收集到的种子和果实并结合图片总结特征。裸子植物可以长得很高大,裸子植物的根、茎、叶都很发达。被子植物形态各异,生活环境相差很大,但是具有发达的输导组织,一般都能开花结果,果实可以保护种子。 师生总结:种子植物出现了根、茎、叶等器官的分化。与藻类、苔藓和蕨类相比,种子植物的繁殖摆脱了对水环境的依赖,更适应陆地环境	以学生的真实体验为基础,引导学生主动学习新的知识
任务4 种子植物与人类生活的关系	教师:被子植物与我们的生活息息相关,能不能举出被子植物跟人类关系的例子。 师生总结:展示小麦、水稻等种子的图片和人参、枸杞等药材图片	将知识联系生活实际,学生印象更深刻
任务5 给校园中植物制作名牌并悬挂	学生分组制作标识牌,使用合适的工具悬挂制作的植物标识牌	学以致用
回顾情境交流评价	学生对本节三个核心问题进行交流反馈: 1.种子是由种皮和胚构成的,种皮可以保护里面的胚;胚是新植物的幼体,由胚芽、胚轴、胚根和子叶组成;有的种子还有胚乳;子叶和胚乳为胚提供营养物质。 2.裸子植物可以长得很高大,裸子植物的根、茎、叶都很发达。被子植物形态各异,生活环境相差很大,但是具有发达的输导组织,一般都能开花结果,果实可以保护种子。种子植物出现了根、茎、叶等器官的分化。 3.我们的衣食住行都离不开种子植物	引导学生回顾知识,归纳重点,及时了解课堂效果

（五）教学反思

本课时教学前让学生实地观察种子植物，加深了学生对本课时内容的兴趣，在寻找探索过程中学生对知识有了直观认识。本课时设计合理，如在解剖种子时，引导学生从外向里，先形态后结构。在解剖种子、观察记录种子植物的过程中，既培养了学生动手实践能力，又培养了学生的观察能力。本课时在设计与学生的生活联系比较紧密的内容时，从学生的生活实际出发，引导学生联系实际主动地去学习。学生是课堂的主导者，课堂要以学生为中心。本课时学生通过微课、阅读教材等自主学习方式，掌握主要内容，然后自己动手操作，从中发现问题，再阅读教材解决问题，充分体现了学生学习的主体性，发展了学生的实践能力和分析、归纳等科学思维。

本课时的不足之处：在组织学生动手操作方面，时间安排欠合理，把握教学节奏方面有待进一步提高。

（六）总体评析

本课时充分重视生物学知识来源于生活，服务于生活，紧密联系生活开展情景教学活动。

改进建议：课前让学生观察记录种子植物，未给学生明确观察记录内容，导致部分学生无从下手，应在观察前告诉学生观察记录的重点。种子解剖实验全权交给学生独立完成，忽略了部分学生基础差不能独立完成的学情，应该科学分组，将不同基础的学生分为一组。

第五章　解密自然,物语生态

第一节　单元教学流程

一、单元教学分析

(一)课标分析

本章的内容是了解生物圈,初步构建生物圈的概念,是学习"生物圈中的绿色植物""生物圈中的人""生物圈中的其他生物"等单元必要的基础。

要建立生物圈的概念,必须认识到地球上所有的生物与其环境是一个统一的整体。因此,首先要认识在一定的范围内,如一片森林、一个湖泊,生物与其周围环境之间是相互影响、相互依存的,它们形成一个统一的整体——生态系统;然后,要认识到地球上各种各样的生态系统,它们表面上看似不相干,实际上是有密切联系的,也是相互影响的。地球上所有的生态系统靠这种紧密的联系构成一个更大的整体,即生物圈。根据这些内容,本单元主题分为三个专题:生物与环境的关系,生物与环境组成生态系统,生物圈是最大的生态系统。这三个专题都是探讨生物与环境相互影响、相互依存的关系,第一个专题是在个体水平上,第二个是在生态系统水平上,第三个是在生物圈水平上。

（二）学情分析

学生在前两个单元已经掌握了细胞的基本组成结构、动植物的结构层次，以及生命系统的层次。本单元通过具体实例，帮助学生从不同方面认识生物与环境的相互关系。通过探究"非生物因素对某种动物或植物的影响"，让学生了解科学探究的一般过程，理解对照实验的设计要点，为以后的实验探究打基础。本单元的最终目标是从知识以及情感态度与价值观方面使学生得到提升，建立概念体系，从而树立系统的、科学的生命观。

二、单元概念解析

本单元在课程标准中由6个次位概念共同聚焦重要概念"3.1生态系统中的生物与非生物环境相互作用，实现了物质循环和能量流动"。首先，通过生物与环境关系的实例和探究实验，建构次位概念3.1.1和次位概念3.1.2；在此基础上，分析某个具体环境中生物与环境形成不可分割的整体，建立生态系统的概念，即生产者、消费者、分解者与非生物环境构成的有机整体，建构次位概念3.1.3；其次，通过动植物之间吃与被吃的实例，或调查某个生态系统中生物之间的捕食关系，建立食物链和食物网的模型，建构次位概念3.1.4；分析物质和能量沿着食物链和食物网流动，建构次位概念3.1.5；举例说明地球上各种各样的生态系统之间有着密切的联系，共同构成一个统一的整体，即最大的生态系统—生物圈，建构次位概念3.1.6；最后，建构出重要概念3.1。本单元的概念体系可以从事实出发构建次位概念、重要概念，如图5-1所示。

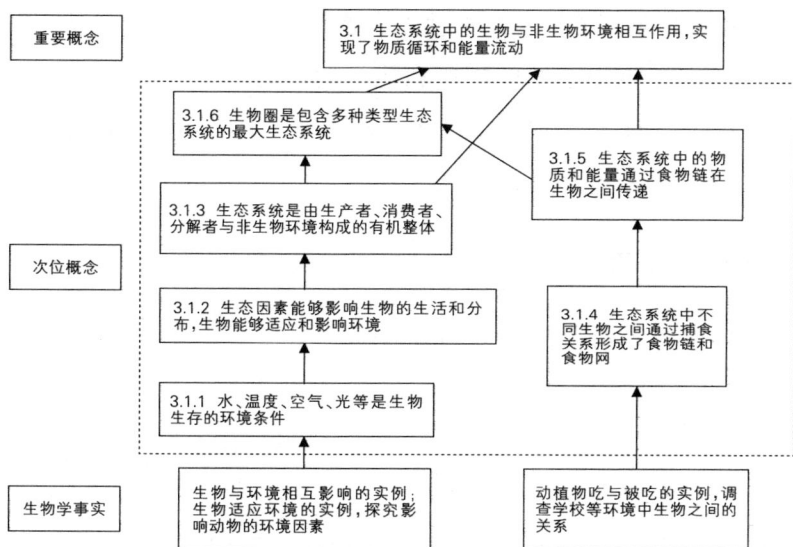

图5-1　单元重要概念的进阶路径

三、单元教学目标

举例说出水、温度、空气、光等非生物因素对生物的影响;举例说明生物与生物之间有着密切的联系;概述生态系统的组成;列举不同的生态系统;描述生态系统中的食物链和食物网;解释某些有害物质会通过食物链不断积累;阐明生态系统的自我调节能力是有限的;阐明生物圈是最大的生态系统;通过观察、调查、探究、资料分析等培养学生科学探究的能力,确立保护生物圈的意识。

四、单元评价目标

1.在学习生物与环境的关系后,能运用结构与功能观,尝试说出生物与环境相互依赖、相互影响。

2.在学习生物与环境组成生态系统后,能运用模型与建模的方法,制作生态瓶,理解一个生态系统包括一定区域内的所有生物及非生物;运用结构与功能观理解生物在生态系统中的作用。生物成分分为生产者、消费者和分解者;生产者通过光合作用养育了自己和其他生物,通过食物链参与了生态系统的物质和能量的流动。

3.在学习了生物圈是最大的生态系统后,能运用生命观念科学解释生物圈是最大的生态系统。

五、单元教学思路

(一)单元情境

大熊猫主要生活在青藏高原东部边缘的温带森林中,这些地方土质非常肥沃,森林茂盛,箭竹生长良好,构成了一个气温相对较为稳定、隐蔽条件良好、食物资源和水源都很丰富的优良食物基地。假如这个地方没有空气、没有食物、没有水源等,仅仅是一片空旷的土地,熊猫还能正常生活吗?

(二)核心任务

了解生态系统的组成,体验实验探究的一般过程,阐明生物圈是最大的生态系统。

(三)教学流程

以支撑本单元重要概念所需的次位概念为课时学习主题,课时教学以问题、任务、活动与评价为主线展开。本单元教学流程,如图5-2所示。

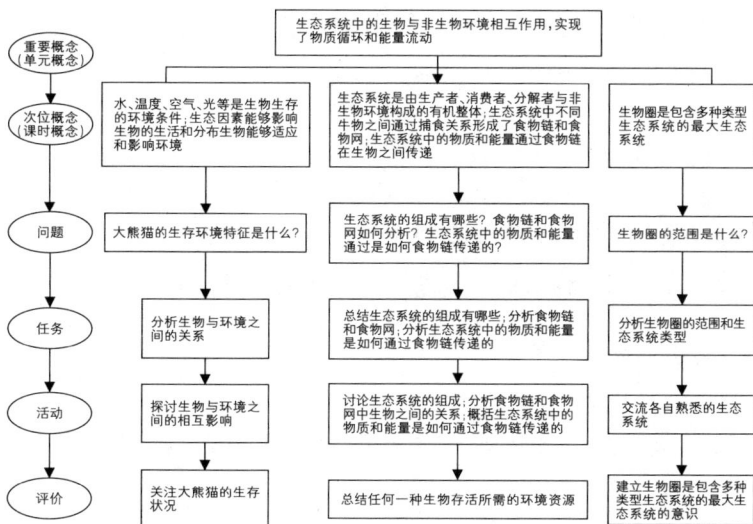

图5-2　单元重要概念教学流程

第二节　课时教学设计

课程内容	课时安排	课型
第一节　生物与环境的关系	1	新授、实验
第二节　生物与环境组成生态系统	1	新授
第三节　生物圈是最大的生态系统	1	新授

一、生物与环境的关系

(一)概念分析

本课时的概念为"水、温度、空气、光等是生物生存的环境条件","生态因素能够影响生物的生活和分布,生物能够适应和影响环境"。该概念的建构需要以下基本概念或证据的支持:生物生存的生态因素;生物之间的密切联系;通过探究实验,学会控制变量和设计对照试验;

体验科学探究的一般过程,体会科学的严谨性,善于发现问题,学会解决问题。

(二)教学目标

掌握环境中的生态因素的类型。了解非生物因素及生物因素对生物的影响。了解生物如何对环境产生的影响进行适应。

(三)重难点

非生物因素及生物因素对生物的影响,生物对环境产生的影响的适应方式。

(四)教学流程

教学环节	教学活动	设计意图
关联单元情境	大熊猫主要生活在青藏高原东部边缘的温带森林中,这些地方土质非常肥沃,森林茂盛,箭竹生长良好,构成一个气温相对较为稳定、隐蔽条件良好、食物资源和水源都很丰富的优良食物基地。假如这个地方没有空气、没有食物、没有水源等,仅仅是一片空旷的土地,熊猫还能正常生活吗?	通过设置单元情境,创设教学环节,统领整个单元的教学内容
提出核心问题	以熊猫为例,大家阅读教材中的"想一想说一说"然后回答问题核心问题: 1.野外生活的大熊猫主要分布在中国的哪些地区? 2.这些地区有哪些适应于熊猫生活的特点?	将情境中隐含的现实生活问题转变成学科问题,引导学生思考

续　表

教学环节	教学活动	设计意图
任务1 说出环境中的生态因素	活动1:指导学生观察教材P13图1-12,展示小麦田示意图,从中找出影响小麦生长的环境条件。 活动2:将学生说出的因素写在黑板上,并引导学生划分生物因素与非生物因素,从而归纳影响生物生存的生态因素。 非生物因素:阳光、土壤、水、空气等; 生物因素:蚜虫、杂草、蝗虫、老鼠等。 举例:池塘里的鲤鱼,讨论影响鱼生活的生态因素	帮助学生回顾之前学习的内容,通过观察、分析、比较,回答问题
任务2 生物因素对生物的影响	活动1:多媒体展示生物之间关系的图片,请学生观察; 活动2:从图中观察并归纳生物之间的关系	学生通过观察图片,为接下来学习非生物因素对生物的影响奠定基础
任务3 非生物因素对生物的影响(实验探究)	活动1:组织学生阅读教材P14~15的探究内容,小组讨论,找出科学探究的一般步骤,完成课本P15的讨论题。 科学探究一般步骤:提出问题→作出假设→制订计划→实施计划→得出结论→交流表达。 活动2:引导学生根据探究主题"非生物因素对某种动物的影响"。 师生共同完成课本P15讨论题,总结科学探究实验原则。 活动3:引导学生讨论。 1.如何保证实验结果的不同只能是由你确定的变量引起的? 2.为什么要用10只鼠妇做实验而不用1只鼠妇做实验呢? 3.为什么要计算全班各组的平均值? 4.影响生物生活的非生物因素有光、温度、水,还有什么	体验科学探究的一般过程,体会科学的严谨性,善于发现问题,学会解决问题
任务4 生物对环境的适应	活动1:观察下列这些生物,想想它们的形态结构或生活方式与它们生活环境有什么关系?(视频展示) 1.骆驼和骆驼刺是怎样适应缺水环境的? 2.海豹是怎样适应寒冷环境的? 活动2:你还能举出哪些生物适应环境的例子	联系生活体验生物的结构与功能相适应

续　表

教学环节	教学活动	设计意图
任务5 生物对环境的影响	蚯蚓是怎样影响和改变土壤的？ 你还能说出哪些生物影响环境的例子？ 如草原	—
回顾情境 交流评价	学生进行小组讨论,交流生态因素的种类,以及生物与环境彼此适应的体现。 教师根据学生的讨论结果适当总结:生物适应环境的同时,也影响和改变着环境	通过评价,提升社会责任感

（五）教学反思

本课时的亮点主要体现在两个方面:一是注重生活实例与生物学知识的有机融合。教学时,教师利用单元情境,激发学生兴趣,让学生积极主动地参与相关内容的讨论中,逐步形成"水、温度、空气、光等是生物生存的环境条件"和"生态因素能够影响生物的生活和分布,生物能够适应和影响环境"等概念。二是问题的设计和模型建构符合学生的认知规律,如在进行"光对鼠妇有影响吗?""光对黄粉虫有影响吗""温度对金鱼有影响吗?"教学时,要让学生体验科学探究的一般过程,体会科学的严谨性,善于发现问题,学会解决问题。探究主题"非生物因素对某种动物的影响",强化学生对概念性知识的掌握,使其能够灵活运用生物学知识解决问题。

本课时存在的不足之处:预设与生成有一定的差距,学生的思维很活跃,但是回答问题的质量还有待于提高。

（六）总体评析

本课时充分关注了生物学知识与现实生活的联系，引导学生运用所学知识解决实际生活问题，让学生体验到学习的成就感。

改进建议：本课时学习了大量的生物学名词，学生一时难以记住，在小结时，需以概念图的形式让学生填空，从而加深对新名词的记忆。

二、生物与环境组成生态系统

（一）概念分析

本课时的概念为"生态系统是由生产者、消费者、分解者与非生物环境构成的有机整体""生态系统中不同生物之间通过捕食关系形成了食物链和食物网""生态系统中的物质和能量通过食物链在生物之间传递"。该概念的建构需要以下基本概念或证据的支持：生态系统的定义；生态系统的组成，以及不同成分在生态系统中所扮演的角色；生态系统中的食物链和食物网；生态系统的自动调节能力是有限的；某些有害物质会通过食物链不断积累。

（二）教学目标

掌握生态系统的概念；明确生态系统的组成；描述生态系统中非生物部分与生物部分之间，生物部分中生产者、消费者、分解者之间相互依存的关系；描述生态系统中的食物链和食物网，揭示生态系统中物质循环和能量流动的过程及其复杂性。

（三）重难点

生态系统的组成，生态系统的自我调节；食物链和食物网。

（四）教学流程

教学环节	教学活动	设计意图
关联单元情境	教师组织学生观察"想一想，议一议"的插图，出示思考题。用网罩起来的草几乎被蝗虫吃光了，而未加网罩的草却生长良好	通过关联情境导入新课
提出核心问题	核心问题：这是什么原因呢？这个实例说明了什么	—
任务1 什么是生态系统	教师引入生态系统的概念	通过分析，概括出什么是生态系统
任务2 生态系统的组成	活动1：教师引导学生阅读教材"资料分析"，组织讨论。 1.树、昆虫的幼虫和啄木鸟之间是什么关系？ 2.树桩腐烂是由哪些生物引起的？腐烂的树桩和苹果最终会消失吗？ 3.生态系统中的植物、动物、细菌和真菌在生态系统中有什么作用？各自扮演着什么样的角色？ 4.在生态系统中，除了有各种生物外，还有哪些组成成分？它们各自有什么样的作用？ 活动2：教师组织学生归纳总结生态系统的组成，构建知识框架。学生完成教材练习第5题"生态系统的组成图解"。 学生分析生态系统的组成	引导学生思考本课时的核心问题

教学环节	教学活动	设计意图
任务3 食物链与 食物网	活动1:教师用谚语引出食物链的概念。 我们知道这样的谚语:"螳螂捕蝉,黄雀在后""大鱼吃小鱼,小鱼吃虾米"。这些谚语生动地反映了不同生物之间吃与被吃的关系。在生态系统中,不同生物之间由于吃与被吃的关系而形成的链状结构叫做食物链。 活动2:组织活动"尝试正确书写食物链"。 教师组织学生展示并判断自己所写的食物链是否正确,引导学生讨论: 1.食物链由生态系统中的什么成分组成? 它们之间是什么关系? 2.食物链的起点是什么? 3.通常怎样写食物链? 4.可以用线段代替箭头吗? 箭头的指向是一定的吗? 活动3:组织学生进一步正确书写食物链,并引导分析食物链。板书展示正确的草原生态系统食物链,引导进一步讨论。 1.你数出几条食物链? 你是怎样数出来的? 2.这些食物链为什么会出现交叉? 过渡:生态系统中的物质和能量就是沿着食物链和食物网逐级流动的。人类是否也是食物链和食物网中的一员?人类活动是否会影响到生态系统呢? 教师引导学生进阅读"资料分析",同时思考以下问题: 1.哪种生物体内有毒物质最多? 为什么? 2.如果这些积累了很多有毒物质的生物被人吃了,会产生什么样的后果	通过资料分析,获取关键信息,培养学生发现问题、解决问题的能力,理顺食物链中生物之间的关系培养高阶思维
任务4 生态系统 具有一定 的自动调 节能力	活动1:组织学生进行"观察与思考"。 教师以食物链:草→兔→狐为例,4人小组进行讨论。 1.当雨量充沛、气候适宜时,草木生长十分繁茂,由于有了充足的食物,兔的数量急剧增加,其他生物的数量会怎样变化? 2.兔的数量会无限制地增加吗? 这个例子说明什么问题? 活动2:教师分析总结过度放牧对草原生态系统的影响	通过一系列的问题,引导学生分析、思考,生态系统具有一定的自动调节能力的原因,形成结构与功能相适应的生命观念

续　表

教学环节	教学活动	设计意图
回顾情境评价交流	交流评价:在草原上适度放牧,草原会由于牧草的不断生长而基本维持原状。如果放养的牲畜太多了,草原会发生什么变化呢	引导学生运用学习的知识解决问题

（五）教学反思

本课时的亮点主要体现在两个方面:一是注重生活实例与生物学知识的有机融合。教学时,教师利用单元情境,激发学生兴趣,让学生积极主动地参与相关内容的讨论中,逐步形成"生态系统是由生产者、消费者、分解者与非生物环境构成的有机整体""生态系统中不同生物之间通过捕食关系形成了食物链和食物网""生态系统中的物质和能量通过食物链在生物之间传递"等概念。二是问题的设计符合学生的认知规律,如在进行"生态系统具有一定的自动调节能力"教学时,先让学生分析资料,通过比较、分析,发现问题,解决问题,最终说出生态系统具有一定的自动调节能力的关键影响因素。

本课时存在的不足之处:在组织学生合作交流方面,时间安排不够合理,把握教学节奏方面有待进一步提高。

（六）总体评析

1.本课时充分关注了生物学知识与现实生活的联系,引导学生运用所学知识解决实际生活问题,让学生体验到学习的成就感。

2.本课时以"生态系统中的生物与非生物环境相互作用,实现了物质循环和能量流动"为重要概念,统领整个单元的教学内容,不仅有效地落实了生命观念,还渗透了关注生理健康的责任意识。教学时,教师运用师生互动、课堂讨论、实例分析等方法,兼顾了知识掌握和能力培养,有利于概念的建构。

3.改进建议:要充分调动学生,及时进行反馈。通过问题引领、师生互动、小组活动、个别提醒的方式,尽可能调动各个层次的学生参与教学双边活动,并及时对教学内容进行诊断性反馈,发现问题及时纠正,面向全体,确保整体教学质量的提高。

三、生物圈是最大的生态系统

(一)概念分析

本课时的概念为"生物圈是包含多种类型生态系统的最大生态系统"。该概念的建构需要以下基本概念或证据的支持:生物圈的范围;各种生态系统的类型及特点;生物圈是一个统一的整体,是地球上最大的生态系统。

(二)教学目标

能选取多方事例来阐明生物圈是最大的生态系统。收集资料,运用资料说明问题的能力及交流合作的能力。增强热爱祖国热爱家乡的情感,初步具有保护生物及生物圈的意识,拒绝破坏环境的行为。

(三)重难点

确立保护生物圈的意识,阐明生物圈是最大的生态系统。

(四)教学流程

教学环节	教学活动	设计意图
关联单元情境	教师利用多媒体展示地球以及多姿多彩的生态系统的图片,并指导学生欣赏美丽多姿的生态系统	关联单元情境,衔接教学内容

教学环节	教学活动	设计意图
提出核心问题	核心问题:生物圈是所有生物共同的家,那么这些丰富多彩的生态系统是否都存在于生物圈中呢	—
任务1 生物圈的范围	活动1:是不是地球上所有的地方都有生物存在? 生物圈的范围有多大? 学生思考,并归纳得出生物圈的范围:以海平面为标准划分,向上可达到约10km的高度,向下可深入约10km的深度,整个厚度约为20km。 活动2:在这个约20km的厚度中,可以把生物圈划分成几个圈层呢? 教师强调:生物圈的每个圈层中都有生物生存,但是,所有陆生生物以岩石圈为"立足点",水圈中多数生物生活在水下150米以上的水层中	将情境中隐含的现实生活问题转变成学科问题,引导学生思考
任务2 多种多样的生态系统	活动1:教师利用多媒体展示教材中各种生态系统的图片,并指导学生分析:欣赏完这些美丽的图片,你想到了什么? 活动2:请同学们思考这么多种生态系统,他们的分类依据是什么呢? 学生思考,明确生态系统的分类依据主要是根据生物与环境的差异来划分的。 学生观察、分析,通过讨论达成共识(幻灯片展示)	帮助学生回顾之前学习的生态系统的组成,通过观察、分析、比较,发现生态系统的区别

教学环节	教学活动	设计意图
任务3 生物圈是 一个统一 的整体	活动1:教师利用多媒体展示资料,指导学生进行分析,并完成下列的问题。 资料1:一条河流是一个生态系统。生活在河里的龟、鳄等爬行动物,会爬到河岸上产卵;鹭吃河里的鱼、虾、河蚌等动物,但是它却在河边的大树上筑巢;陆地上的动物要到河里去饮水。 资料2:对于河流生态系统来说,阳光和空气并不是它所独有的;降雨会带来别处的水分,还会把陆地上的土壤冲入河流;风也可以把远处的植物种子吹到河流中。河水可以用来灌溉农田。在有些地方,人们的饮用水也取自河流。 提出问题: 1.从上述两则资料中可以看出,河流生态系统与哪些生态系统之间存在联系? 2.这些联系主要表现在哪些方面? 活动2:阅读开篇的"想一想,议一议"DDT事件的图文资料,思考为何在一部分地区使用DDT也能危害到南极的生物呢?学生讨论,思考DDT的流通途径,归纳小结得出:DDT→农田生态系统→河流生态系统→海洋生态系统(南极海洋鱼)→食物链(磷虾、企鹅)。 活动3:课堂小结。 教师:通过本课时的学习你有哪些收获? 学生回忆、思考,并在小组内进行交流。 通过本课时的学习了解了生物圈的范围、生物圈中有多种多样的生态系统、各生态系统具有各自的特点、某一个生态系统与周围的生态系统有着密切的联系。生物圈是地球上最大的生态系统,是所有生物共同的家园,所以我们要通过各种方式保护生物圈	学生观察图片,深入思考问题,逐步形成生物圈是一个统一的整体的观念 形成生物圈是一个统一的整体的观念,提高环境保护意识
回顾情境 交流评价	结合单元情境中大熊猫的生活环境变迁进行交流与评价: 1.生物的存活要有特点的生态系统作为依托; 2.养成生物与环境之间相互影响的理念	提升社会责任感

（五）教学反思

本课时的亮点主要体现在两个方面：一是注重生活实例与生物学知识的有机融合。教学时，教师利用单元情境，激发学生兴趣，让学生积极主动地参与相关内容的讨论，逐步形成"生物圈是包含多种类型生态系统的最大生态系统"这一概念。二是问题的设计和模型建构符合学生的认知规律，如在进行"多种多样的生态系统"教学时，先让学生认识不同的生态系统，再联系实际分析不同的生态系统。强化学生对概念性知识的掌握，使其能够灵活运用生物学知识解决问题。

本课时存在的不足之处：预设与生成有一定的差距，学生的思维很活跃，但是回答问题的质量还有待于提高。

（六）总体评析

1.本课时充分关注了生物学知识与现实生活的联系，引导学生运用所学知识解决实际生活问题，让学生体验到学习的成就感。

2.改进建议：本课时学习了大量的生物学名词，学生一时难以记住，在当堂小结时，可以用概念图填空的形式，让学生加深对新名词的记忆。

第六章　被子植物的一生

第一节　单元教学流程

一、单元教学分析

（一）课标分析

本单元是《义务教育教科书·生物学七年级上册》（人民教育出版社 2012 年版）第二章的内容，主要包括种子的萌发、植株的生长、开花和结果。本单元学习活动以"情境—问题—任务"为主线开展。教师创设真实情境，以问题来驱动学生学习；学生分小组，合作完成任务，建构自身的知识与技能，发展解决问题的能力。在设计单元学习活动时，教师应根据单元的学习内容、学生的学情等实际情况，选择合适的活动组织形式，通过问题引领与任务驱动，促进学生对核心概念的理解，进而构建大概念。

（二）学情分析

学生通过前几个单元的学习，已经认识了绿色植物的主要类群，这为本单元的学习打下了一定的基础。

孢子植物和种子植物、植物种子的结构都比较常见，学生掌握起来不难,但是种子的萌发,植株的生长、开花和结果比较抽象,学生掌握起来有一定难度。学生通过本单元的学习,可以知道绿色开花植物的生命周期包括种子的萌发,植株的生长、开花、结果与死亡等阶段。同时,认识植物可以制造有机物,直接或间接地为其他生物提供食物,参与生物圈中的水循环,并维持碳氧平衡等奠定基础。

二、单元概念解析

本单元在课程标准中由 5 个次位概念共同聚焦重要概念"4.1 绿色开花植物的生命周期包括种子的萌发、生长、开花、结果与死亡等阶段"。次位概念 4.1.1 和 4.1.2 支撑重要概念 4.1 中种子的萌发,次位概念 4.1.3 和 4.1.4 支撑重要概念 4.1 中植株的生长,次位概念 4.1.5 支撑重要概念 4.1 中的开花与结果。本单元的概念体系可以从事实出发构建次位概念、重要概念,如图 6-1 所示。

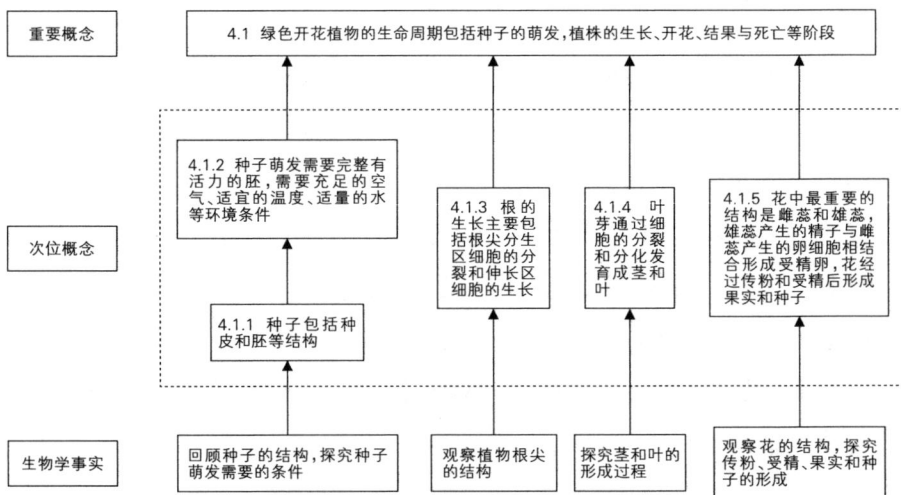

图6-1 单元重要概念的进阶路径

三、单元教学目标

通过解剖种子,归纳种子的结构。通过探究活动,总结种子萌发的条件。通过实验,总结植物根的生长与根尖的关系。通过探究活动,归纳枝条发育的过程。通过实验,认识花的结构。通过探究活动,概述植物开花、传粉、受精和形成果实、种子的过程。

四、单元评价目标

会用正确的方法解剖种子,在解剖观察的基础上辨认归纳种子的结构。在"探究影响种子萌发的环境条件"中,掌握科学探究的一般思路和方法。会用显微镜观察根尖永久切片,并根据根尖的结构特点描述根生长的原因。知道芽的类别,会描述枝条的发育,能说出植物的生长需要哪些营养物质。会用正确的方法解剖桃花,认识花的结构。知道植物的传粉方式,能说出植物的受精过程,会描述果实和种子的形成。

五、单元教学思路

(一)单元情境

被子植物的一生经历了种子的萌发,植株的生长、开花和结果等历程。

(二)核心任务

解剖种子,归纳种子的结构;探究种子萌发的条件,描述种子萌发的过程;观察植物根尖的结构,描述根的生长;认识芽的类别,描述枝条的发育,描述植物的生长需要营养物质;解剖桃花,认识花的结构;概述植物开花、传粉、受精和形成果实、种子的过程。

(三)教学流程

以支撑本单元重要概念所需的次位概念为课时学习主题,课时教学以问题、任务、活动与评价为主线展开。本单元教学流程,如图6-2所示。

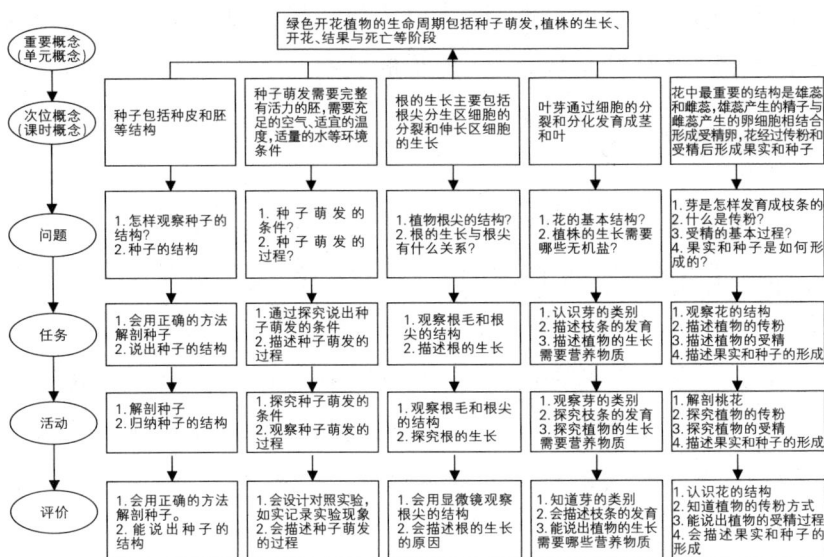

图6-2 单元重要概念教学流程

第二节 课时教学设计

课程内容	课时安排	课型
第一节 种子的结构	1	新授、实验
第二节 种子的萌发	1	新授、实验
第三节 植物根的生长	1	新授、实验
第四节 枝条的发育	1	新授、实验
第五节 花的结构	1	新授、实验
第六节 开花和结果	1	新授

一、种子的结构

(一)概念分析

本课时的概念为"种子包括种皮和胚等结构"。该概念的建构需要以下基本概念或证据的支持:种子的表面有一层种皮,种皮可以保护里面幼嫩的胚,有的种子还有胚乳;胚是新植物的幼体,由胚芽、胚轴、胚根和子叶组成。

(二)教学目标

会用正确的方法解剖种子,在解剖观察的基础上辨认归纳种子的结构。描述菜豆种子和玉米种子的相同点和不同点。识别常见的裸子植物和被子植物。

(三)重难点

重点:解剖和观察单、双子叶植物的种子,认识种子的结构。
难点:玉米种子的解剖和观察。

(四)教学流程

教学环节	教学活动	设计意图
创设单元情境	展示大豆种子图片,大豆的一生要经历种子的萌发、植株的生长、开花和结果等历程,那么种子萌发需要什么条件呢,首先需要了解种子的结构	通过设置单元情境,统领整个单元的教学内容
提出核心问题	1.如何观察种子的结构? 2.种子的结构如何? 3.种子生命力顽强的特点?	将情境中的问题转变成学科问题,引导学生思考

教学环节	教学活动	设计意图
任务1 学习解剖方法和步骤	教师活动： 1.出示实验目的，介绍材料用具，强调使用刀片时要注意安全。 2.引导学生阅读教材，概括观察种子的大致步骤。 观察菜豆种子：观察外形→剥种皮→分子叶→辨认各结构。 观察玉米种子：观察外形→纵剖→滴碘液→辨认各结构 3.介绍科学观察一般方法：先外形后结构；先宏观后微观；由表及里，自上而下	通过阅读教材，梳理实验步骤的能力。 通过教师讲解，进一步强化观察顺序
任务2 观察菜豆种子结构	教师活动： 1.播放操作视频。 2.给各小组发放不同菜豆的种子，巡视并指导学生进行解剖和观察。组织展示已涂色的种子并介绍种子的结构。 3.提问：如果把菜豆种子种下去，猜测哪部分结构会发育成一个植物体？ 引导学生观察菜豆苗。从菜豆萌发成幼苗的过程中，子叶一直存在，可以猜测出子叶为种子萌发提供营养。胚芽、胚轴、胚根、子叶这四个部分共同发育成幼苗，这四个部分组成新植物的幼体——胚。 学生活动： 1.观看操作视频。 2.观察菜豆种子，完成剥一剥、涂一涂、贴一贴、挑一挑，并展示菜豆种子的结构。 3.合作探究：观察不同萌发时期的菜豆芽，猜测子叶的作用。 师生总结：归纳菜豆种子的结构	规范操作步骤。 通过涂色，学生对三个结构的位置和形状有清晰的认识。 通过观察菜豆苗引出胚的概念和组成

续　表

教学环节	教学活动	设计意图
任务3 观察玉米 种子结构	教师活动： 1.组织学生观察玉米种子外皮,观察其外皮与菜豆种皮有何不同? 2.播放玉米种子纵剖内部结构操作视频。 3.巡视指导。组织学生展示标注的玉米纵切面。教师出示图片逐步展示各部分的结构。 提问:实验时我们把玉米种子切成了两半,胚也被切成了两半,你有什么办法得到完整的胚吗? 引导学生利用新鲜玉米徒手剥离得到完整的胚。 学生活动： 1.取新鲜冰冻过的玉米种子借助镊子剥去外皮。 2.观看操作视频。 3.观察浸软的玉米种子的纵剖结构并进行粘贴,用引线标出各结构并展示。 4.两人一组,徒手分离胚。 师生总结:小结玉米种子的结构	让学生直观认识到玉米种子严格意义来说是果实。 通过切面观察,学生不能看到完整的胚和胚乳,增加徒手剥离胚实验,帮助学生从平面认识上升到整体认识和立体认识,有助于突破玉米种子的结构这个难点
任务4 比较归纳	教师活动： 1.出示绘制的菜豆和玉米种子结构图。 2.师生共同建构单子叶植物和双子叶植物的概念。 学生活动： 1."我指你说"。 2.比较观察菜豆种子和玉米种子的异同,完成表格	培养学生利用表格归纳总结的能力
任务5 思考种子 适宜萌发 的特点	教师活动： 提问:孢子是一个单细胞,在温暖潮湿的环境中才能萌发,种子有哪些特点,使得它比孢子更容易萌发,具有更强的生命力? 学生活动： 思考、讨论、回答种子适宜萌发特点:种皮保护内部结构,胚是新植物的幼体,叶和胚乳为种子萌发提供丰富的营养	渗透种子的结构和功能相适应的学科思想,也与课前问题相呼应

续　表

教学环节	教学活动	设计意图
任务6 区分裸子植物和被子植物	教师活动： 1.展示大豆、葡萄、松果、苹果的图片,请学生找到他们的种子。 2.引导学生建构种子植物的概念。 3.请学生注意观察种子着生的位置,区分裸子植物和被子植物	通过观察,归纳种子植物的概念,培养学生的科学思维
课堂小结	教师活动： 1.同学们通过这节课有什么收获? 2.播放种子萌发成幼苗的视频进行感情升华。 学生活动： 1.学生谈收获。 2.观看视频,感受种子萌发的奇妙过程	在学生进行知识能力的反馈后,情感得到升华
回扣情境交流评价	学生对本课时三个核心问题进行交流反馈： 1.采用正确的解剖方法观察种子的结构。 2.种子由种皮和胚两部分构成,胚是新植物的幼体,由胚芽、胚轴、胚根和子叶组成。有的种子还有胚乳。 3.胚是新植物的幼体,外面有种皮保护,子叶和胚乳为种子萌发提供丰富的营养	首尾呼应,检验学生目标达成情况

（五）教学反思

　　观察菜豆种子结构后,笔者增加了观察不同萌发时期菜豆幼苗的探究实验,学生能直观感受各个结构的作用,尤其对子叶的作用有了直观认识。玉米种子的结构是本课时的难点,笔者增加了徒手分离胚实验,帮助学生对胚的认识从平面认识上升到整体认识和立体认识。实验教学中笔者关注生物学概念的建构,如胚的概念关注了生物学科素养的培养。

（六）总体评析

1.本课时不仅仅让学生学会了相应的科学知识,还传授获取知识的方法。

2.改进建议:本节两个实验,容量大,观察玉米种子的结构,耗时长。建议"观察完整的胚"部分由学生课后查阅资料,自主探究不同的方法。

二、种子的萌发

（一）概念分析

本课时的概念为"种子萌发需要完整、有活力的胚,需要充足的空气、适宜的温度、适量的水等环境条件"。该概念的建构需要以下基本概念或证据的支持:适宜的温度、一定的水分和充足的空气都是种子萌发所需要的环境条件,种子萌发需要完整、有活力的胚。

（二）教学目标

通过探究活动,了解种子萌发的环境条件和自身条件。了解植物种子萌发的过程,并指出种子结构与幼苗各部分结构的对应关系。在"种子萌发的环境条件"的探究活动中,掌握科学探究的一般思路和方法,并培养学生的科学思维和动手能力。通过分析种子萌发的条件,初步树立内外因辩证统一的观点。

（三）重难点

重点:种子萌发的环境条件和自身条件。

难点:在"种子萌发的环境条件"的探究活动中,对照实验的设计及实验现象的分析。

（四）教学流程

教学环节	教学活动	设计意图
关联单元情境	展示大豆幼苗图片,大豆的一生要经历种子的萌发、植株的生长、开花和结果等历程,种子需要哪些条件才能萌发呢?	通过设置单元情境,统领整个单元的教学内容
提出核心问题	1.种子萌发需要什么环境条件? 2.种子萌发需要什么自身条件? 3.种子萌发的过程是什么样的?	将情境中的问题转变成学科问题,引导学生思考
任务1 探究种子萌发的环境条件	在什么样的环境条件下种子才能萌发呢? 教师展示资料: 资料1:云南大旱,农民无法播种; 资料2:许多作物是在春天播种的,天寒地冻不适于播种; 资料3:播种前往往要松土,使土壤中有充足的空气。 提问:分析以上资料,你认为影响种子萌发的有哪些环境条件? 学生思考讨论,根据资料完成问题。 师生总结:种子萌发的环境条件是适宜的温度、一定的水分和充足的空气	通过探究种子萌发的环境条件,使学生体验科学探究的一般方法,并在探究活动中培养学生的科学思维和动手能力
任务2 种子萌发的自身条件	教师展示干瘪的种子、被咬坏胚的种子、死亡的种子、休眠的种子。提问:这样的种子能萌发吗? 学生讨论教师提出的问题。 师生总结:种子萌发需要完整、有活力的胚	联系生活经验,给出合理推测和解释
任务3 描述种子萌发的过程	教师活动: 播放种子萌发的过程视频,展示以下问题: 1.种子的哪一部分结构先发育? 2.胚根、胚芽、胚轴各发育成了新植株的哪一部分? 3.种子萌发所需的营养物质由谁来提供? 学生观看视频,思考回答问题。 师生总结:利用表格的形式板书种子的结构、功能和发育	通过视频,将微观的过程宏观化

续　表

教学环节	教学活动	设计意图
任务4 测定种子 的发芽率	教师展示资料:在一个风调雨顺的季节,农民将大豆种子播种于百亩良田中,过了半个月,发现豆苗很稀,农民翻开土一看,大多数种子都霉烂在土壤里。原来不法商贩为了牟取暴利,在大豆种子里混入储存很多年的种子。 提问:这则资料告诉我们什么? 学生回答问题。 教师:如果农民伯伯请你为他测定种子的发芽率,你该怎么做? 请参照教科书P92探究和P94科学方法,给出你的具体做法。 学生活动: 阅读教材,分享做法,完善做法	结合生产实践,让学生感受测定发芽率的重要性。为学习测定发芽率的方法提供动力
回扣情境 交流评价	学生对本节三个核心问题进行交流反馈: 1.种子萌发的环境条件是适宜的温度、一定的水分和充足的空气。 2.种子萌发的自身条件是完整、有活力的胚。 3.种子萌发的过程是先吸收水分。同时子叶或胚乳中的营养物质逐渐转运给胚根、胚芽、胚轴。随后,胚根发育突破种皮形成根;胚轴伸长;胚芽发育成芽,芽进一步发育成茎和叶	引导学生交流本节收获,归纳重点,及时了解学情

(五)教学反思

本课时容量大、内容多,教师将课上与课下相结合,给学生充分的时间讨论实验方案、明确实验方法。

(六)总体评析

1.本课时紧密联系生产实际开展情景教学活动,充分重视了生物学知识来源于生活服务于生活生产。

2.改进建议:课前应该先让兴趣小组先做预实验,在课堂上展示实验结果,并进行分析,确保探究实验的连续性;教师在课前带领学生种植种子,并拍照记录种子萌发的过程,提高学生学习生物学的兴趣。

三、植物根的生长

(一)概念分析

本课时的概念为"根的生长主要包括根尖分生区细胞的分裂和伸长区细胞的生长"。该概念的建构需要以下基本概念或证据的支持:从根的顶端到生有根毛的一小段叫做根尖,根尖是幼根生长最快的部位;幼根的生长一方面要靠分生区细胞的分裂增加细胞的数量,另一方面要靠伸长区细胞体积的增大。

(二)教学目标

通过实验描述根尖结构和各部分的功能,形成生命观念中的结构与功能观。会用显微镜观察根尖永久切片,会根据根尖的结构特点描述根生长的原因。通过探究实验,培养学生观察、解读实验结果的能力,发展学生理性思维、勇于探究的科学精神。通过探究实践过程,形成严谨求实、勇于质疑的科学态度。

(三)重难点

重点:根尖的结构及其发育。学会观察实验现象,培养学生合作、实验的能力。

难点:根据根尖的结构特点描述根生长的原因。

（四）教学流程

教学环节	教学活动	设计意图
关联单元情境	展示大豆植株图片,大豆的一生要经历种子的萌发、植株的生长、开花和结果等历程,种子萌发形成的幼苗会如何生长呢?	设置单元情境,统领整个单元的教学内容
提出核心问题	1.植物根尖包括哪几个部分,各部分结构的特点和功能是什么? 2.植物根的生长与根尖有什么关系?	引导学生思考
任务1 认识植物的根尖	播放视频:幼根的生长 教师提问: 1.哪里是幼根生长最快的部位? 2.根尖指的是哪里? 学生观看视频,思考回答:从根的顶端到生有根毛的一小段,叫做根尖。 师生总结:根据植物幼根图片概括得出,从根的顶端到生有根毛的一小段,叫做根尖。根尖是幼根生长最快的部位,它是根中生命活动最活跃的部分	视频引起学生的注意,激起学生求知的欲望。通过问题培养学生观察思考的能力
任务2 观察根毛的结构	教师提问: 根毛有什么特点? 这对植物的生活有什么意义? 学生活动: 1.先用肉眼直接观察植物幼根,找到着生在幼根上的白色"绒毛",这就是根毛。 2.通过放大镜仔细观察根毛。 3.小组讨论,回答问题。 师生总结:根毛多可以大大增加根吸收水分的表面积,提高根吸收水分的效率	通过实验观察,培养学生观察、分析问题的能力,勇于探究的科学精神

续　表

教学环节	教学活动	设计意图
任务3 观察根尖的结构	学生活动： 小组通过显微镜观察根尖的永久切片，看看构成根尖的不同部位的细胞有什么特点，并且推测各部分结构功能 小组讨论，回答问题 教师活动： 图片展示根冠、分生区、伸长区、成熟区的细胞 师生总结：根、分生区、伸长区、成熟区结构特点与功能	通过实验观察描述根尖结构和各部分的功能，形成生命观念中的结构与功能观，培养学生比较、概括、总结的能力
任务4 描述根的生长	教师图片展示，比较不同时间段根尖的不同部位，说说哪部分长得最快？ 学生观察图片，思考回答：根生长最快的部位是伸长区。 教师提问：根尖的哪些部位和根的生长直接有关呢？ 学生：小组讨论，思考回答。 师生总结：幼根的生长一方面要靠分生区细胞的分裂增加细胞的数量；另一方面要靠伸长区细胞体积的增大	培养学生观察、比较、概括、总结的能力
回顾情境 交流评价	学生对本节两个核心问题进行交流反馈： 1.植物根尖包括根冠、分生区、伸长区、成熟区，交流总结各部分结构的特点和功能。 2.幼根的生长一方面要靠分生区细胞的分裂增加细胞的数量，另一方面要靠伸长区细胞体积的增大	引导学生交流本节收获，归纳重点，及时了解学情

（五）教学反思

　　本课时采用探究式教学法进行教学，充分发挥学生的主体作用，实验以小组合作的方式进行，旨在培养学生的实验操作能力、探究能力、观察分析能力，从而提高生物实验素养。先用放大镜观察植物根毛的特点，再用显微镜观察根尖的结构，从宏观到微观的角度，学生更易接受和理解。教师只有真正创设出好的情景和教学环节才能让学生由被动学习变为主动学习，真正把课堂还给学生。

（六）总体评析

本课时的教学目标清晰明确：通过实验观察描述根尖结构和各部分的功能，形成生命观念中的结构与功能观；培养学生观察、解读实验结果的能力，发展学生勇于探究的科学精神；通过探究实践过程，形成严谨求实、勇于质疑的科学态度。

改进建议：实验过程设计可以更加细致，如让学生观察根尖各个部位细胞是否都一样，有何区别，根据形态进行分区并推测功能，形成生命观念中的结构与功能观。

四、枝条的发育

（一）概念分析

本课时的概念为"叶芽通过细胞的分裂和分化发育成茎和叶"。该概念的建构需要以下基本概念或证据的支持：芽中有分生组织；芽在发育时，分生组织的细胞分裂和分化，形成新的枝条；枝条是由幼嫩的茎、叶和芽组成的；植株的生长需要营养物质。

（二）教学目标

知道芽的类别，会描述枝条的发育，能说出植物的生长需要哪些营养物质。通过类比分析芽和枝条的结构，掌握一定的科学思维方法，初步形成基于证据和逻辑的思维习惯。通过合理施肥的教学，向学生渗透环保意识。

（三）重难点

重点：描述芽的结构和枝条发育的过程。
难点：枝条的发育，无机盐对植物生长的作用。

(四)教学流程

教学环节	教学活动	设计意图
关联单元情境	展示大豆植株图片,大豆的一生要经历种子的萌发、植株的生长、开花和结果等历程	关联情境,衔接内容
提出核心问题	1.芽是怎样发育成枝条的? 枝条是由哪几个部分构成的? 2.植株的生长需要哪些无机盐?	引导学生思考
任务1 引出枝条的发育	学生集体朗诵古诗"碧玉妆成一树高,万条垂下绿丝绦。不知细叶谁裁出,二月春风似剪刀。" 教师提问:垂柳的枝条由什么发育而成? 学生思考回答:垂柳的枝条由芽发育而成。 那么芽是怎样发育成枝条的呢? 这与芽的结构有关	通过优美的诗句陶冶学生的情操,培养学生热爱大自然的美好情感
任务2 认识芽的类别	学生以小组为单位,观察一些植物的芽和枝条,分析芽和枝条是什么关系,有哪些不同的芽。 学生通过观察发现,芽按照着生位置可以分为顶芽和侧芽。 教师提问:芽还可以怎么分类呢? 展示叶芽与花芽的图片。 学生通过观察发现,芽还可以分为叶芽和花芽。 教师提问:叶芽和花芽分别发育成什么呢? 接下来我们先探究叶芽的结构	通过实物和图片观察,更加直观形象,有利于理解区分概念
任务3 描述枝条的发育	学生以小组为单位,拿一个叶芽,观察叶芽的结构,认识幼叶和芽轴。 教师活动:展示叶芽的结构(纵切)图片。 师生总结:叶芽的基本结构包括幼叶、芽轴、芽原基和生长点。 教师提问:枝条的各部分分别是由叶芽的哪部分发育来的? 给出叶芽结构图和枝条示意图,学生分析回答叶芽各部分作用。 师生总结:幼叶发育成叶,芽轴发育成茎,芽原基发育成芽。枝条是由茎、叶、芽组成的。芽中生长点有分生组织。芽在发育时,分生组织的细胞分裂和分化,形成新的枝条。 教师提问:芽将来都发育成枝条吗?展示叶芽和花芽的图片。 学生观察回答	通过观察实验认识芽的结构,培养学生观察能力,形成科学思维,建立知识间的整体联系

续　表

教学环节	教学活动	设计意图
任务4 描述植物的生长需要营养物质	教师提问： 1.你有没有种植植物的经历？养花种草时会干一些什么事情？ 2.给植物浇水,施肥的目的是什么？ 师生总结。 教师播放演示实验视频,比较玉米的生长状况提问： 1.土壤浸出液与蒸馏水在成分上有什么区别？ 2.为什么土壤浸出液能够保证植株的正常生长？ 学生观看实验视频,小组讨论回答问题。 师生总结:实验表明,土壤浸出液中培养的玉米幼苗要比蒸馏水中培养的玉米幼苗生长得好,这是因为土壤浸出液中含有玉米生长所需要的多种无机盐。 教师提问:植物的生长需要哪些无机盐呢？ 学生回答:植物的生长需要多种无机盐,其中需要最多的是含氮的、含磷的、含钾的无机盐	联系生活实际,引导学生得出植物的生长需要水和无机盐。 通过分析实验,总结无机盐的重要作用,培养学生分析实验的能力,激发学习兴趣
回顾情境 交流评价	学生对本节两个核心问题进行交流反馈: 1.幼叶发育成叶,芽轴发育成茎,芽原基发育成芽。枝条是由茎、叶、芽组成的。芽中生长点有分生组织。芽在发育时,分生组织的细胞分裂和分化,形成新的枝条。 2.植物的生长需要多种无机盐,其中需要最多的是含氮的、含磷的、含钾的无机盐	首尾呼应,检验学生目标达成情况

（五）教学反思

　　本课时采用谈话法、启发法、探究实验法进行教学。在教学过程中,采用直观的、形象的实物进行观察分析,有利于学生理解概念,建构知识体系。在构建知识的同时注重学法的指导,引导学生根据任务要求有目的地进行小组讨论,既调动了学生的积极性,又有利于学生牢固掌握知识,效果良好。通过观看实验视频,获得植株生长需要无机盐的事实知识和证据,养成科学思维的习惯。在此基础上,进一步联系生活,引发学生保护环境的社会责任。

（六）总体评析

本课时的教学目标清晰明确:通过实验观察认识芽的结构,培养学生观察能力,通过类比分析芽和枝条的结构,掌握一定的科学思维方法,初步形成基于证据和逻辑的思维习惯。培养学生观察、解读实验结果的能力,发展学生理性思维、勇于探究的科学精神;通过探究实践过程,形成严谨求实的科学态度。

改进建议:由于课堂时间有限,探究植株生长与无机盐关系的实验周期较长,学生动手操作机会大为减少,这是有待进一步改进和解决的问题。

五、花的结构

（一）概念分析

本课时的概念为"花中最重要的结构是雄蕊和雌蕊"。该概念的建构需要以下基本概念或证据的支持:花的主要结构是雄蕊和雌蕊,雄蕊花药里面有花粉,雌蕊下部的子房里有胚珠;对于植物繁衍后代来说,花的雄蕊和雌蕊是最重要的。

（二）教学目标

概述花的基本结构。会用正确的方法解剖桃花,培养学生的观察、分析和自学能力;养成爱护花的习惯。

（三）重难点

重点:概述花的基本结构。

难点:会用正确的方法解剖桃花。

（四）教学流程

教学环节	教学活动	设计意图
关联单元情境	展示大豆植株开花图片，大豆的一生要经历种子的萌发、植株的生长、开花和结果等历程，了解开花与结果首先要学习花的基本结构	关联单元情境，衔接新课时的内容
提出核心问题	1.什么是开花？开花的目的是什么？ 2.花的基本结构是怎样的？	将情境转变成学科问题，引导学生思考
任务1 描述植物的开花	学生欣赏各种花开放的视频，并思考回答什么是开花？开花的目的是什么？ 师生总结：开花是当花发育成熟后，花冠和花萼绽开，露出雄蕊和雌蕊的过程。开花有利于植物的传粉	通过问题培养学生观察思考的能力
任务2 观察花的结构	学生活动：小组实验，观察桃花的结构。 1.从外向内依次摘下萼片、花瓣、雄蕊、雌蕊，放在白纸上并排好，仔细观察雄蕊和雌蕊的结构特点。 2.用镊子夹开一个花药，让花药里的花粉落到白纸上，再用放大镜观察花粉。 3.用刀片纵向剖开子房，用放大镜观察子房里的胚珠。 学生小组汇报，展示实验结果。 师生总结。 根据教材P104图3-21《桃花的基本结构》概括总结花的结构。通过观察可以看出，一朵桃花是由花柄、花托、萼片、花瓣、雄蕊和雌蕊等组成的。 展示雄蕊的图片，总结说明雄蕊的花药内有花粉，每颗花粉粒有两个精子。 展示子房的结构图片，学生认识子房的内部结构，子房包括子房壁和胚珠，胚珠包括珠被和珠心，胚珠内有1个卵细胞和2个极核细胞。 学生活动：讨论回答，对于植物繁衍后代来说，花的哪些结构是最重要的？ 师生总结：对于植物繁衍后代来说，花的雌蕊和雄蕊是最重要的	通过观察实验观察桃花的结构，实物观察与图片观察相结合，更加直观形象，有利于理解和区分概念，培养学生的观察能力，分析问题的能力，形成实事求是的科学态度

续　表

教学环节	教学活动	设计意图
任务3 制作花的结构模型	学生活动:以小组为单位课上或者课后制作花的结构模型,并且展示交流成果。 学生互评,教师点评	通过分组活动,培养学生团结协作,交流创新的能力
回顾情境交流评价	学生对本节两个核心问题进行交流反馈: 1.开花是当花发育成熟后,花冠和花萼绽开,露出雄蕊和雌蕊的过程。开花有利于植物的传粉。 2.通过观察可以看出,一朵桃花是由花柄、花托、萼片、花瓣、雄蕊和雌蕊等组成的。雄蕊的花药内有花粉,每颗花粉粒有两个精子。雌蕊的子房包括子房壁和胚珠,胚珠包括珠被和珠心,胚珠内有1个卵细胞和2个极核细胞	首尾呼应,检验学生目标达成情况

（五）教学反思

本课时采用讲授法、启发法、探究实验法进行教学。通过桃花解剖实验,使学生理解花的结构,采用直观的、形象的实物进行观察分析,以有利于学生理解概念,建构知识体系。通过读图、动手操作等方式,培养了学生的观察能力、处理信息的能力和表达交流的能力。

（六）总体评析

本课时的教学目标清晰明确:通过实验观察认识花的结构,培养学生观察能力和动手实践的能力;通过探究实践过程,形成严谨求实的科学态度,乐于探索生命的奥秘。

改进建议:本课时的实验材料除了选取桃花,还可选取百合、康乃馨、油菜花等,最好是能选取各个结构都比较清楚的花。

六、开花和结果

(一)概念分析

本课时的概念为"花中最重要的结构是雄蕊和雌蕊,雄蕊产生的精子与雌蕊产生的卵细胞相结合形成受精卵,花经过传粉和受精后形成果实和种子"。该概念的建构需要以下基本概念或证据的支持:植物开花后,雄蕊花药中的花粉通过不同途径传送到雌蕊柱头上的过程,叫传粉;胚珠里面的卵细胞,与来自花粉管中的精子结合,形成受精卵的过程,称为受精;受精完成后,子房继续发育成果实,其中子房壁发育成果皮,子房里面的胚珠发育成种子,胚珠里面的受精卵发育成胚。

(二)教学目标

知道植物的传粉方式,能说出植物的受精过程,会描述果实和种子的形成。认识生殖器官对植物繁衍后代的重要意义。培养学生爱护植物、热爱大自然的情感。

(三)重难点

重点:雄蕊和雌蕊(花蕊)与果实和种子形成的关系。受精的过程及受精后子房的发育。

难点:受精的过程及受精后子房的发育。

(四)教学流程

教学环节	教学活动	设计意图
关联单元情境	展示大豆植株果实图片,大豆的一生要经历种子的萌发,植株的生长、开花和结果等历程	单元情境

续　表

教学环节	教学活动	设计意图
提出核心问题	1.什么是传粉? 2.受精的基本过程是怎样的? 3.果实和种子是如何形成的?	在情境中转变成学科问题,引导学生思考
任务1 描述植物的传粉	教师活动:展示图片蜜蜂采蜜,春天果园里常常有蜜蜂飞舞,蜜蜂在干什么呢? 这对果树有什么好处? 学生活动:思考回答蜜蜂在采蜜,可以帮助植物传粉。 师生总结:播放花的传粉视频。 1.传粉的定义。植物开花后,雄蕊花药中的花粉通过不同途径传送到雌蕊柱头上的过程,叫传粉。 2.传粉的方式:自花传粉、异花传粉。 教师活动:根据传粉媒介不同,花可以分为风媒花(主要靠风力传粉的花)和虫媒花(主要靠昆虫传粉的花),分别具有什么特点? 学生讨论回答。 师生总结:风媒花和虫媒花的特征都有利于植物的传粉。 教师提问:在果树开花季节,如果遇到阴雨连绵的天气,常会造成果树减产。这是什么原因? 果农应该怎么做? 学生回答:人工辅助授粉。 教师展示人工辅助授粉的图片,为什么要进行人工辅助授粉? 学生讨论回答	联系生活,引发学生思考。 通过传粉方式的分类和花的种类分类,培养比较归纳的思维能力,体会生物体结构的适应性,形成生命观念中的结构与功能观。 学以致用,巩固知识,加深理解
任务2 描述植物的受精	教师活动:创设情境,在风和昆虫的帮助下,雌蕊的柱头上落满了花粉。表面看来没有什么事发生,可雌蕊的内部却发生着复杂的变化。究竟发生了什么变化呢? 播放视频:花的受精过程。 学生观看视频,尝试讲述花的受精过程。 师生总结:对照教材中图3-25讲解受精过程,加深学生对受精过程的理解。 教师活动:讲解重要概念,受精是精子与卵细胞相融合的现象	培养观察能力、思考能力,分析能力,突破教学重难点

续　表

教学环节	教学活动	设计意图
任务3 描述果实和种子的形成	教师活动:创设情境,植物受精后,美丽的花朵开始凋谢,可有人说"花开是一种美丽,凋谢也是一种美丽",因为那意味着新生命的诞生,对这句话我们如何理解呢? 学生活动:分组讨论后回答,受精完成后,花瓣、雄蕊以及柱头和花柱都完成了"历史使命",因而纷纷凋落,子房继续发育成果实。 师生总结:利用课件展示果实和种子的形成的对应关系 子房发育成果实,其中子房壁发育成果皮,子房里面的胚珠发育成种子,胚珠里面的受精卵发育成胚。 教师活动:展示桃子、豌豆等果实和种子,提问桃只有一粒种子,豌豆、番茄等果实的种子却有多粒,为什么? 学生活动:讨论回答。 师生总结:子房内含多个胚珠,果实会有多粒种子	培养学生的合作能力、表达能力,活跃课堂气氛,调整学生的状态
任务4 培养爱护植物的情感	教师活动:创设情境,当我们欣赏着美丽的花,品尝着香甜的果,呼吸着清新的空气时,不要忘了这些都是绿色植物的奉献。那么,作为中学生的我们一定要做到什么呢? 学生活动:思考回答,爱护身边的一草一木,不破坏花草树木。 师生总结:我们每个人都要爱护植物,保护环境	培养学生爱护植物、热爱大自然的情感
回扣情境 交流评价	学生对本节三个核心问题进行交流反馈: 1.植物开花后,雄蕊花药中的花粉通过不同途径传送到雌蕊柱头上的过程,叫传粉。 2.受精过程。 3.受精完成后,花瓣、雄蕊以及柱头和花柱都完成了"历史使命",因而纷纷凋落,子房继续发育成果实。其中,子房壁发育成果皮,子房里面的胚珠发育成种子,胚珠里面的受精卵发育成胚	引导学生交流本节收获,归纳重点,及时了解学情

（五）教学反思

本课时采用谈话法、启发法、类比法进行教学。总体来看，整节教学设计由问题入手，创设情境，充分调动了学生的知识和经验储备。通过关注知识的形成过程，使学生在科学素养、能力等方面得到了培养和提高，体现了新课程标准倡导的探究性学习理念。

（六）总体评析

本课时的教学目标清晰明确：通过传粉方式的分类和花的种类分类，培养类比归纳的思维能力，体会生物体结构的适应性，形成生命观念中的结构与功能观；通过体验人工授粉的活动，使学生关注本节所学知识在生产实践中的应用，培养学生解决实际问题的能力，认同生物技术与社会紧密联系；创设情境，初步形成生态文明观念，培养爱护植物、热爱大自然的情感。

改进建议：本课时的教学内容较为抽象，教师需充分做好课前的准备工作，采用多种方式方法将抽象内容具体化、形象化，帮助学生理解概念，建构完整的知识体系。

第七章　植物与水循环的和谐乐章

第一节　单元教学流程

一、单元教学分析

(一)课标分析

本单元教学内容围绕"植物通过吸收、运输和蒸腾作用等生理活动,获取养分,进行物质运输,参与生物圈中的水循环"开展,描述了水的吸收、运输、散失三个过程。水分的吸收与根有关,根有许多特点与吸收水分相适应。水分的运输与木质部的导管有关,根、茎、叶中的导管相互连通。叶片的结构中有与水的散失有关的结构,水分的散失通过蒸腾作用进行。水分吸收、运输、散失三个过程紧密相连,体现了植物结构与功能相适应的特点。

通过本单元的学习,学生能够认识到植物通过根部吸水和蒸腾作用参与生物圈中的水循环,初步形成辩证的观点,初步形成生物体的结构与功能相适应的基本观点。

(二)学情分析

七年级学生刚接触生物学,对于生命现象和过程往往充满好奇。

但由于缺乏足够的科学知识储备,他们对于生物学原理的理解和实验操作能力仍处于初级阶段。在学习中,学生可能会遇到一些抽象概念和复杂生理过程,需要教师用通俗易懂的语言和直观的教学方式给予解释和演示。此外,学生的观察能力、实验操作能力和问题理解能力参差不齐,教师可以通过小组合作、讨论交流等方式,促进团队协作和交流表达能力。

二、单元概念解析

本单元在课程标准中由3个次位概念共同聚焦重要概念"4.2 植物通过吸收、运输和蒸腾作用等生理活动,获取养分,进行物质运输,参与生物圈中的水循环"。本单元的概念体系可以从事实出发构建次位概念、重要概念,如图7-1所示。

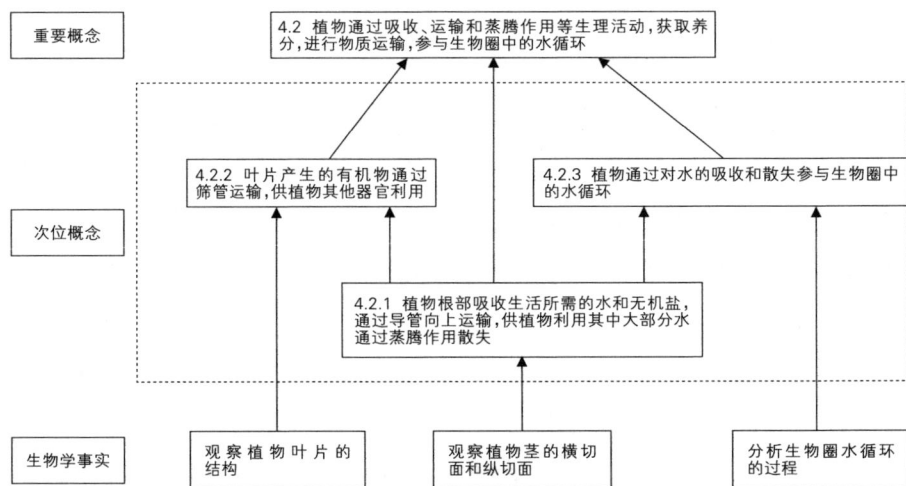

图7-1 单元重要概念的进阶路径

三、单元教学目标

通过观察根的根毛结构,说出大量根毛对植物吸水的意义,阐明结构和功能的关系,初步形成结构与功能观。通过观察茎的解剖结构,初步了解茎的结构和各部分的作用,说明水分和有机物在植物体内的运输途径。通过测定植物的蒸腾作用和观察植物叶表皮的气孔的实验,培养学生分析和总结的能力、画图能力以及实验探究能力。通过对蒸腾作用的学习,了解蒸腾作用的意义,建立环保意识,培养学生社会责任感。

四、单元评价目标

能通过对根和茎的结构的学习,初步形成结构与功能观,解释生活中常见的现象,如移栽带土,不伤树皮等。能通过学习徒手切片观察叶片的结构后,利用这个技术去观察其他生物的结构,如黄瓜等。

五、单元教学思路

(一)单元情境

有人计算出一株玉米从出苗到结实,需要消耗200千克以上的水。这些水中只有大约2.2千克是作为玉米植株的组成成分以及参与各种生理过程的,其余那么多的水都到哪里去了呢？ 这些水对植物体本身以及自然界又有什么意义？ 是对水的浪费吗？

(二)核心任务

植物体吸收、利用、运输和散失水分的过程,以及相关结构的特点。

(三)教学流程

以支撑本单元重要概念所需的次位概念为课时学习主题,课时教学以问题、任务、活动与评价为主线展开。本单元教学流程,如图7-2所示。

```
重要概念
（单元概念）        植物通过吸收、运输和蒸腾作用等生理活动，获取养
                 分，进行物质运输，参与生物圈中的水循环

次位概念     植物的根部吸收生活所需要的水    植物吸收的水分通过导管向上运    植物对水的吸收和散失参与生
（课时概念）  和无机盐                      输，其中大部分通过蒸腾作用散失  物圈中的水循环

问题        植物的生活为什么需要水和无机   植物生活需要的水是如何吸收和   植物吸收的水分都被植物利用
           盐？                         运输的？                   了吗？

任务        植物的生活需要水和无机盐       植物吸收和运输水分的结构       植物的蒸腾作用和水循众

活动        分析海尔蒙特柳树实验观察植物   观察根毛结构，观察植物根的横   观察植物叶片的结构和叶片表面
           幼苗在清水和土壤浸出液中的不   切面和纵切面                的气孔，分析生物圈水循环过程
           同生长状况                                              示意图

评价        能对实验的现象作出合理的分析，  能通过对根毛结构的观察说出根   能正确地制作叶片切片并使用显
           能对提供的资料作出合理的分析    毛是吸收水的主要结构，能通过   微镜观察；能正确分析植物在生
                                        实验归纳出导管存在的事实      物圈水循环中的作用
```

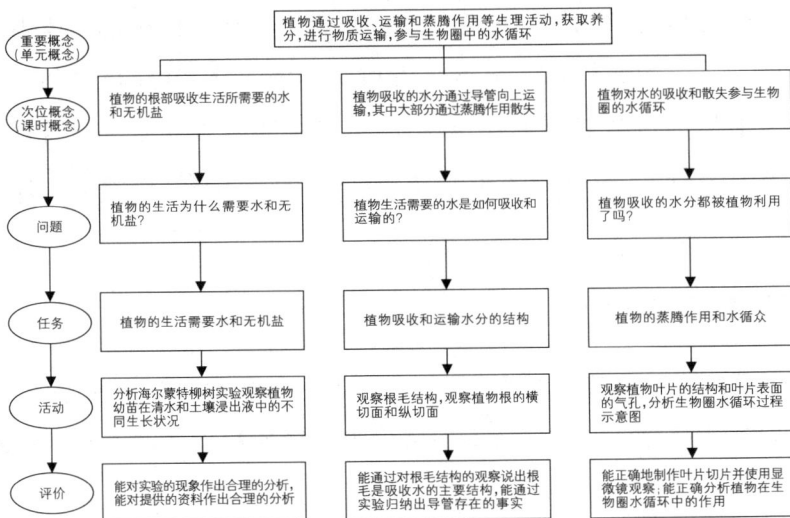

图 7-2　单元重要概念教学流程

第二节　课时教学设计

课程内容	课时安排	课型
第一节　植物的生活需要水和无机盐	1	新授
第二节　植物体对水分的吸收和运输	1	新授、实验
第三节　绿色植物参与了生物圈的水循环	1	新授、实验

一、植物的生活需要水和无机盐

(一)概念分析

本课时的概念为"植物的根部吸收生活所需的水和无机盐"。该概念的建构需要以下基本概念或证据的支持：植物的生活需要水，植物的生活需要无机盐。

（二）教学目标

1.理解水和无机盐对植物的重要性。

2.通过分析和讨论,培养学生观察能力、分析问题的能力以及交流和沟通的能力。

（三）重难点

重点:水和无机盐对植物的重要性。

难点:无机盐对植物生长发育的影响。

（四）教学流程

教学环节	教学活动	设计意图
创设单元情境	有人计算出一株玉米从出苗到结实,需要消耗200千克以上的水。这些水中只有大约2.2千克是作为玉米植株的组成成分以及参与各种生理过程的,其余那么多的水都到哪里去了呢？ 这些水对植物体本身以及自然界又有什么意义？	创设单元情境,统领本单元内容,激发学生探究的欲望
提出核心问题	1.植物在生活过程中为什么需要水？ 2.除了水以外还需要什么物质吗？	提出核心问题引导学生思考
任务1 植物的生活需要水	展示海尔蒙特柳树实验过程,提问海尔蒙特的实验告诉了我们什么有价值的结论？ 他的实验和推断有哪些可以改进之处？ 学生通过分析海尔蒙特实验,可以初步形成“植物的生活需要水”的概念,并根据老师的引导从科学探究的基本原则和标准流程出发,对海尔蒙特所做的实验作出分析、讨论,对实验进行改进设计。 出示资料引导学生分析水对植物体的作用	通过对经典实验的分析可以培养学生的思维能力和实验探究能力

教学环节	教学活动	设计意图
任务2 植物的生长除了水还需要某些物质	展示植物幼苗在清水和土壤浸出液中的不同生长状况,引导学生分析原因。 学生观察演示实验中实验组和对照组植株的生长状态差异,结合植物栽培过程中需要施肥的生活常识,推测出植物的生长除了需要水分之外,还需要土壤中的某些物质	引导学生对实验现象进行分析,得出结论,从而提升逻辑思维和分析问题的能力
任务3 植物的生活需要无机盐	展示植物肥料商品成分表和宣传页,引导学生分析植株缺乏不同种类无机盐所导致的现象。 学生通过分析可以认识到无机盐的种类多种多样,并从中归纳出植物所需要的主要元素是氮、磷、钾。 介绍这些元素实际上是以化合物的形式存在,让学生留有一定的印象	通过分析、归纳,学生的科学思维能力能够得到提升
回顾情境 交流评价	学生对本课时提出的核心问题进行交流	引导学生交流本节收获,归纳重点

（五）教学反思

　　本课时主要为了让学生认同绿色植物生长需要水和无机盐这一观点。通过介绍并引导学生分析海尔蒙特柳树实验,学生很容易形成植物生长需要水的概念,但是无机盐对植物生长的作用学生还未曾有过了解。学生已经学习了科学探究的过程,我们就可以进行实验来探究无机盐对植物生长的作用。用加入无机盐的无土栽培养液和没有无机盐的蒸馏水对青菜进行培养,结果青菜在培养液中可以正常生长,在蒸馏水中生长状况较差,说明无机盐对植物的生长有作用。再通过植株缺乏不同种类无机盐所导致的现象,引出植物对无机盐的需求不同,缺乏的表现情况,和学生一起探讨学习,完成本节内容。

（六）总体评析

本课时的教学基本上是在实验中学习,不但满足了学生自主发展的需要,而且提高了学生学习生物学的兴趣,做到了在活动中学习、在探究中创新。同时,培养了学生发现和解决问题的能力以及科学思维的习惯,做到了把课堂还给学生,让课堂焕发出了生机与活力。

二、植物体对水分的吸收和运输

（一）概念分析

本课时的概念为"植物根部吸收的水,通过导管向上运输,供植物利用"。该概念的建构需要以下基本概念或证据的支持:植物的根部着生了大量的根毛便于吸收水分,植物的茎中有运输水分的导管。

（二）教学目标

观察根的根毛结构,掌握大量根毛对于吸水的意义。说明植物体内水分运输的途径。通过实验观察及操作,培养学生的观察能力和分析问题的能力,提高学生科学探究能力。

（三）重难点

重点:植物体对水分的吸收部位,植物体内水分运输的途径。
难点:植物体内水分运输的途径。

（四）教学流程

教学环节	教学活动	设计意图
关联单元情境	资料：一株玉米从出苗到结实，要消耗 200 kg 以上的水。	激发学生兴趣，调动学生探究的积极性
提出核心问题	1.植物如何吸收水分？ 2.植物吸收的水分是如何运输到植物体全身各处的？	引导学生思考
任务1 探究植物如何吸水	植物吸收水分最主要的器官是根，那么根有什么特点可以帮助它吸收足够多的水以供植物体利用？ 1.引导学生观察刚萌发的绿豆根的结构，通过肉眼直接观察认识根毛，了解根毛多而密集的特点，运用根尖结构相关相关知识说出根毛分布在成熟区的特点。 2.通过压片法制作根尖临时装片，观察根毛显微结构，认识到根毛是表皮细胞突起的本质。 3.通过观察海绵块吸水的模拟实验，同时分析资料，认识到大量根毛通过增加表面积提高吸水效率	通过宏观、微观的观察，认识根毛的特点，再通过类比理解大量根毛的存在对于根吸收水分的重要意义
任务2 水分在植物体内的运输	植物体通过根吸收的水分通过什么结构在植物体内运输呢？ 1.引导学生按照从宏观到微观的顺序，对吸收了红墨水的绿豆幼苗展开观察，推测运输水分结构的位置。 2.通过压片法和撕片法制作茎和叶片的临时装片，通过红墨水标记找出导管，对其形态结构进行观察，分析其功能。 3.观察未吸收红墨水的幼苗根部制作临时装片，并通过显微镜观察找出其中的导管	培养学生观察、分析、推理和表达能力
交流评价	通过观察，发现在植物的根、茎、叶中都有具有导管。 展示花、果实、种子中导管的显微照片，引导学生通过总结归纳不同器官中均存在导管的事实，认识到水分在植物体内的完整运输途径，形成局部与整体观	通过总结认识到导管在植物体中普遍存在

（五）教学反思

本课时以现象入手，符合学生的认知规律。通过现象从宏观到微观进行观察，逐步探究根毛的特点、导管的分布。通过实践和学生自己的思考探索知识，符合学生的认知规律，而且学生对知识的掌握印象深刻,学习的过程学生也是兴趣满满。

（六）总体评析

1.紧密联系生活开展教学活动。生物学科与学生生活实际联系比较紧密,学生对本学科有一定的兴趣。本节要求学生进行课前实验准备,如测定植物的蒸腾作用实验,要求学生在上课前进行测定植物的蒸腾作用实验,并放置在阳光下照射,现象才明显。

2.本课时的探究式教学,以小组形式展开活动,能够最大限度地发挥学生的主动性和创造性,注重知识的建构过程,在活动的参与中贯穿能力的培养,使学生的动手能力、思维能力、观察能力、合作能力、分析归纳能力、表达交流能力得到锻炼和提高,取得了比较好的课堂教学效果。

三、绿色植物参与生物圈的水循环

（一）概念分析

本课时的概念为"植物吸收的水大部分通过蒸腾作用散失,并参与生物圈中的水循环"。该概念的建构需要以下基本概念或证据的支持:植物吸收水分大部分都流失了;植物的叶片具有气孔,是水分散失的结构。

（二）教学目标

认同植物吸收的大部分水分都以某种形式通过叶片流失了。练习制作叶片横切面的临时切片,认识叶片的结构。解释气孔控制水和二氧化碳进出叶片的机制。通过实验操作,培养学生的逻辑思维和科学探究能力。认同绿色植物蒸腾作用的意义,初步形成保护森林意识。

（三）重难点

重点：认识叶片的结构，了解蒸腾作用的过程及作用。

难点：气孔的工作原理，蒸腾作用与生物圈水循环之间的紧密联系。

（四）教学流程

教学环节	教学活动	设计意图
关联单元情境	一株玉米从出苗到结实，需要消耗200千克以上的水。这些水中只有大约2.2千克是作为玉米植株的组成成分以及参与各种生理过程的	关联单元情境
提出核心问题	那么多的水都到哪里去了呢？这些水对植物体本身以及自然界又有什么意义？	解决情境问题
任务1 分析植物流失水分的部位	植物吸收的水分都被植物利用了吗？ 教师出示阅读资料"玉米一生消耗的水分总量及用途"。演示叶片套袋实验，让学生观察植物蒸腾作用产生的现象 学生分析植物吸收的水分经过运输后的去向，得出植物吸收的大部分水分都以某种形式通过叶片流失了	提供资料和演示实验，让学生进行分析，提升学生的科学思维能力
任务2 植物叶片的结构	植物叶片上有什么样的机构能使水分流失呢？ 引导学生开展以下实验活动： 1.徒手制作叶片横切面临时切片，使用显微镜观察，再观察叶片横切面永久切片。 2.制作并观察叶片下表皮临时装片。 学生通过对叶片横切面切片的观察了解叶片的结构，分清叶片的表皮、叶脉和叶肉，通过对叶片下表皮的观察，找到气孔。 出示电子显微镜下的气孔照片，引导学生分析气孔。 学生分析气孔的结构，认识气孔通过保卫细胞开闭的原理，观察和比较叶片上下表皮气孔的分布情况，推测可能的原因 学生通过分析认识到气孔分布在叶的下表面是适应环境的结果	通过学生的动手实验，培养学生的实践能力，再设置问题串引导学生分析，提升科学思维和生命观念核心素养

续　表

教学环节	教学活动	设计意图
任务3 蒸腾作用的意义	植物体内水分流失的意义是什么? 播放蒸腾作用的相关视频,展示多种生活中与蒸腾作用有关的现象。 学生通过观看视频,分析现象,在教师的引导下总结归纳蒸腾作用的意义	通过观看视频,分析归纳出蒸腾作用的意义
任务4 植物在水循环中的作用	出示某公园水文资料、绿化情况和降雨情况,引导学生运用植物体内水分、运输、散失相关知识,分析植物在生态系统水循环中所起的重要作用,引导学生认同植树造林的重要意义	培养学生阅读资料、分析能力
回顾情境交流评价	学生对本节提出的问题进行交流:大量水分通过蒸腾作用散失出去,是浪费水资源吗?	引导学生解决单元情境问题

(五)教学反思

本课时教学设计和教学活动,自始至终围绕本单元的重要概念,创设问题情境,使学生形成问题意识,让学生处于一种求知的状态和求知的渴望之中。学生通过观察、分析、实验、测量等自主学习途径,认同水分在植物体内运输和散失的事实。

创设问题情境,激发学生学习的兴趣,促进学生的自主学习,让学生获得终身学习的能力,是我们教学中的一个核心任务,也是教师教学设计时一个贯穿始终的重要理念。

(六)总体评析

1.本课时不仅让学生学会了相应的科学知识,还传授获取知识的方法。

2.改进建议:本节有两个实验活动,容量大,需要学生有一定的动手能力,因此学生需要提前做准备,否则一课时很难完成教学任务。

第八章　揭秘碳氧平衡

第一节　单元教学流程

一、单元教学分析

(一)课标分析

本单元围绕大概念"植物有自己的生命周期,可以制造有机物,直接或间接地为其他生物提供食物,参与生物圈中的水循环,并维持碳氧平衡"展开,帮助学生建立重要概念"植物通过光合作用和呼吸作用获得生命活动必需的物质和能量,有助于维持生物圈中的碳氧平衡"。本单元包括了"绿色植物是生物圈中有机物的制造者""光合作用吸收二氧化碳释放氧气"以及"绿色植物与生物圈中的碳氧平衡"等内容。

课程标准要求,应引导学生通过观察、演示实验、探究实验等多种途径,探究和认识植物的光合作用、呼吸作用等生理过程及其影响因素;并引导学生通过科学史等资料了解科学家对光合作用的探究历程,认识到科学的发展是众多科学家经过长期探索、共同努力的结果。在学生明确光合作用和呼吸作用过程的基础上,结合学生的生活经验,通过实例分析引导学生关注植物生命活动的原理,以及在生产生活中的实际应用。

（二）学情分析

通过对前面知识的学习,学生已经知道了绿色开花植物的生命周期包括种子萌发、生长、开花、结果与死亡阶段;植物可以通过吸收、运输和蒸腾作用等生理活动,获得养分,进行物质的运输,参与生物圈中的水循环。但是,植物从外界吸收营养物质主要体现在通过根系从土壤中吸收水和无机盐,那植物生长所需的有机物从何而来? 植物生长所消耗的能量又是如何获得的? 植物也和动物一样进行呼吸作用? 对于这些问题,学生还不够明确。

通过本单元内容的学习,学生可以进一步理解植物光合作用和呼吸作用的基本过程和原理,能尝试运用这些原理分析、解释、解决生产生活中的某些实际问题,并从物质循环和能量变化的角度阐明植物在生物圈中的重要地位。

二、单元概念解析

本单元在课程标准中由5个次位概念共同聚焦重要概念"4.3 植物通过光合作用和呼吸作用获得生命活动必需的物质和能量,有助于维持生物圈中的碳氧平衡"。通过对支撑重要概念的次位概念进行分析可以归纳为光合作用、呼吸作用、植物在生物圈中的作用三部分内容。本单元的概念体系可以从事实出发构建次位概念、重要概念,如图8-1所示。

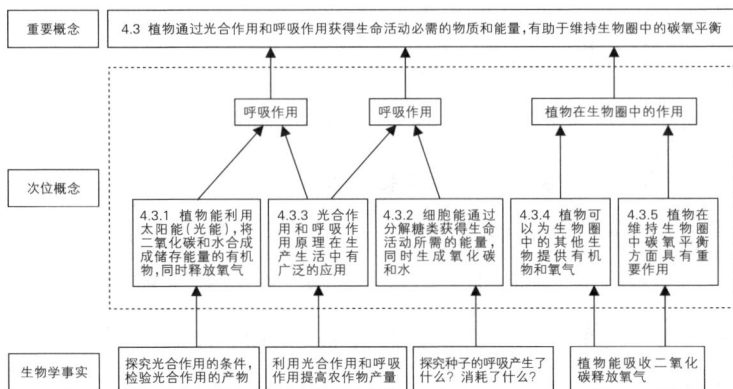

图8-1 单元重要概念的进阶路径

三、单元教学目标

运用植物光合作用、呼吸作用等方面的知识,解释生产、生活中的相关现象。从物质循环与能量变化的角度,阐明绿色植物在生物圈中的作用。学会设计单一变量实验,探究关于植物生活的影响因素。通过对影响光合作用和呼吸作用的因素的探究,学会运用相关知识,解决实际农业生产中的问题。

四、单元评价目标

在设计探究光合作用和呼吸作用的条件、原料、产物和影响因素的相关实验中,能熟练运用单一变量原理,设计并完成探究性实验的方案。在学习光合作用和呼吸作用的过程和原理后,能运用相关知识,解释生产生活中的相关现象。在学习光合作用和呼吸作用原理在生产生活中的广泛应用后,能运用相关知识分析实例,解决农业生产中的实际问题。在学习植物可以为生物圈中的其他生物提供有机物和氧气以及在维持生物圈中的碳氧平衡方面的重要作用后,能运用物质与能量观解释植物在生物圈中的重要性。

五、单元教学思路

(一)单元情境

王大伯承包了一块地,建立了一个蔬菜大棚,他家去年的蔬菜产量没有别人家的高,他很头疼,你能运用本单元的知识给他想想办法吗?

(二)核心任务

掌握光合作用和呼吸作用的原理及过程;学会设计单一变量实验,探究关于植物生长的影响因素;运用植物光合作用和呼吸作用等知识,解决生产生活中的相关现象和问题;能从物质循环与能量变化的角度,阐明绿色植物在生物圈中的重要作用。

(三)教学流程

以支撑本单元重要概念所需的次位概念为课时学习主题,课时教学以问题、任务、活动与评价为主线展开。本单元教学流程,如图8-2所示。

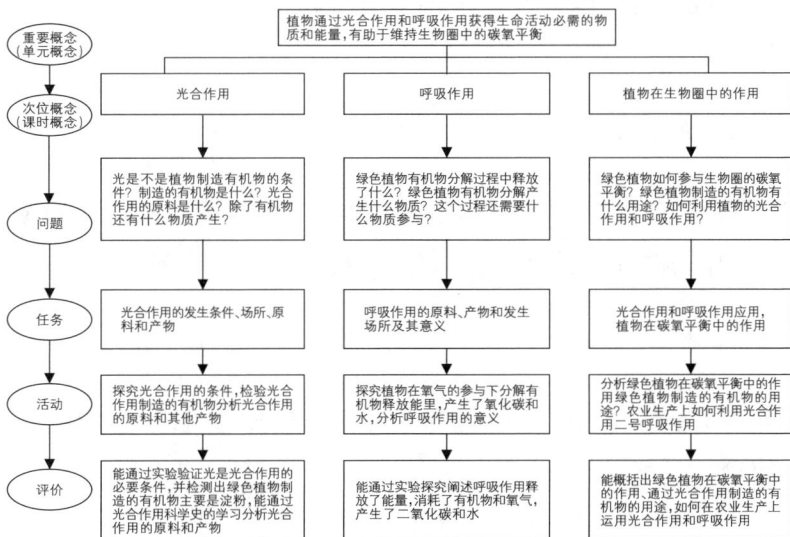

图8-2　单元重要概念教学流程

第二节 课时教学设计

课程内容	课时安排	课型
第一节 绿色植物是生物圈中有机物的制造者	1	新授、实验
第二节 光合作用吸收二氧化碳释放氧气	1	新授、实验
第三节 光合作用的场所、意义及应用	1	新授、实验
第四节 绿色植物的呼吸作用的过程	1	新授、实验
第五节 绿色植物的呼吸作用的应用和碳氧平衡	1	新授

一、绿色植物是生物圈中有机物的制造者

(一)概念分析

本课时的概念为"植物能利用太阳光(光能),将二氧化碳和水合成为贮存能量的有机物,同时释放氧气"。该概念的建构需要以下基本概念或证据的支持:绿叶在光下制造有机物,光是绿叶制造有机物不可缺少的条件。

(二)教学目标

阐明绿色植物通过光合作用制造有机物,运用实验法检验绿叶在光下制造有机物,说明绿色植物制造有机物对于生物圈的重要意义。

(三)重难点

绿色植物通过光合作用制造有机物。教师需组织好"绿叶在光下制造有机物"的实验活动。

（四）教学流程

教学环节	教学活动	设计意图
创设单元情境	王大伯今年承包了一个蔬菜大棚，这里是他种植的几种农作物:红薯、土豆、玉米。分析这些食物的主要成分。学生发现，人们的食物都直接或间接来自绿色植物	创设贴近生活的大情境，激发学生的探究热情
提出核心问题	1.绿色植物给人类提供的营养主要是什么物质? 2.这种物质是绿色植物通过什么过程制造的? 3.这个过程需要什么条件	引导学生思考核心问题
任务1 探究实验一:绿叶在光下产生有机物(淀粉)?	探究实验一:绿叶在光下产生有机物(淀粉)? 提出问题: 1.绿叶在光下产生的是淀粉吗? 2.光是绿叶制造有机物不可缺少的条件吗? 作出假设: 1.绿叶在光下产生的是淀粉。 2.光是绿叶制造有机物不可缺少的条件。 设计实验: 问题1:怎样检验淀粉? 问题2:能否直接往叶片上滴加碘液? 问题3:如何去掉干扰的"绿色"? 问题4:如何加快酒精溶解叶绿素的速度呢? 问题5:酒精脱色到什么程度(叶片绿色完全褪去)	从直观现象开始，使学生容易理解，并尝试将原理应用于实验
任务2 探究实验二:光是绿叶制造有机物不可缺少的条件	探究实验二:光是绿叶制造有机物不可缺少的条件 1.本实验的实验变量是? 2.科学探究常需要进行(对照)实验，如何来设计实验? 怎么排除叶片中原有淀粉的干扰呢	让学生在实践中探索，在活动中体验
任务3 实施实验并得出结论	教师播放实验视频，指导学生进行实验的(5)(6)两步操作，完成导学案。 学生活动:进行分组实验。 师生总结:带领学生分析实验,得出结论;小组表达和交流	通过相互交流使学生学会分享、学会合作
任务4 在树叶上做图案	引导学生小组合作在一片树叶上印上一个字母"M"的图案	利用所学的知识解决生活中的问题

续　表

教学环节	教学活动	设计意图
回顾情境 交流评价	交流评价:结合单元情境中王大伯的蔬菜大棚产量不高,我们该怎么做? 学生活动:给予充足的光照条件,让绿叶蔬菜制造更多有机物	依托评价活动使学生认识到光对绿叶制造有机物的重要性

（五）教学反思

本课时从学生感兴趣的实验入手,创设了良好的学习开端。新知识学习中利用了课堂分组实验、分组展示等不同的教学手段,创设多样的教学情境,调动了学生的积极性,从当堂检测来看,达到了预期的教学目标。另外,在课堂实际操作过程中,可以利用初中学生的好胜心理,适当引入竞争机制,充分激发学生的进取意识。

（六）总体评析

本课时以"植物能利用太阳光(光能),将二氧化碳和水合成为贮存能量的有机物,同时释放氧气"这个次位概念,构建重要概念"植物通过光合作用和呼吸作用获得生命活动必需的物质和能量,有助于维持生物圈中的碳氧平衡"的教学内容。教学时,教师运用师生互动、课堂设问等方法,不仅有效地落实了生命观念,还培养了学生的科学思维和探究实践能力。

二、光合作用吸收二氧化碳释放氧气

（一）概念分析

本课时的概念为"植物能利用太阳能(光能),将二氧化碳和水合成为贮存了能量的有机物,同时释放氧气"。该概念的建构需要以下基本概念或证据的支持:光合作用的实质是绿色植物通过叶绿体,利用光能,把二氧化碳和水转化成贮存能量的有机物,并且释放出氧气的过程。

(二)教学目标

阐明光合作用的概念。运用实验法独立设计并完成探究活动"二氧化碳是光合作用必需的原料吗?"

(三)重难点

光合作用的概念。

(四)教学流程

教学环节	教学活动	设计意图
关联单元情境	王大伯的蔬菜大棚里的农作物,通过光合作用制造并积累了有机物,那么光合作用是利用什么物质合成的有机物呢? 还有没有其他产物呢	通过关联单元情境,激发学生的求知欲
提出核心问题	1.光合作用需要什么物质作为原料,产物是什么? 2.光合作用的实质又是什么呢	抛出的问题,引导学生思考
任务1 海尔蒙特的实验	探究一:海尔蒙特的实验。 海尔蒙特认为什么是柳树合成有机物的原料? 他是否忽略了其他因素呢? 学生回答:水是光合作用的原料,他忽略了空气	培养学生独立思考,自主学习的能力
任务2 普利斯特利的实验	探究二:普利斯特利的实验。 1.这个实验中哪组是对照组?可形成几组对照实验? 2.实验可以得出什么结论? 结论:植物能更新由于蜡烛燃烧或动物呼吸而变污浊的空气	学生阅读教材,讨论分析回答问题,培养学生分析解决问题的能力

续　表

教学环节	教学活动	设计意图
任务3 探究光合作用能产生氧气	展示图片:英格豪斯通过多次实验发现:普利斯特利的实验必须在有光的条件下才能成功。 在这个实验中,实验的变量(自变量)是光照。 提出问题:植物在光下产生了哪种气体? 如何检测? 展示金鱼藻演示实验视频。 思考:该实验是如何收集气体的? 是如何验证气体是氧气的? "排水取气"法。明确产生的气体是氧气,用带火星的卫生香进行检验,氧气具有助燃的作用。 总结:光合作用除了产生有机物外,还产生了氧气	通过补充英格豪斯的实验以及展示金鱼藻实验,让学生明确光合作用产生的气体是氧气
任务4 二氧化碳是绿色植物光合作用必需的原料吗?	通过前面的实验,我们知道了光合作用需要消耗二氧化碳和水,也就是说二氧化碳和水是光合作用的原料。 提出问题:如何验证二氧化碳是光合作用的原料呢? 探究三:二氧化碳是绿色植物光合作用必需的原料吗? 实验方案展示。 学生活动:交流实验设计方案,分析所设计的实验方案是否严谨、合理,比较各实验方案的优点与缺点。 小组展示:明确自变量是二氧化碳的有无,因变量是光合作用的有无,思考通过什么手段控制二氧化碳的有无,明确实验原理,各小组展示实验设计,分析设计的优缺点播放演示实验,师生总结,分析实验现象,得出相应结论	通过小组合作设计实验方案,探究二氧化碳是否是光合作用必需的原料,培养学生的科学思维与科学探究的生物核心素养
任务5 光合作用的过程和实质	结合一系列实验,你能说出光合作用涉及的因素吗? 原料——水、二氧化碳,产物——有机物、氧气,场所——叶绿体,条件——光。 师生总结:光合作用的实质就是绿色植物通过叶绿体,利用光能,把二氧化碳和水转化成贮存能量的有机物(淀粉),并且释放氧气的过程。 展示光合作用的反应式,让学生分析反应式中的原料、产物、条件和场所	构建光合作用的概念以及明确光合作用的实质

续　表

教学环节	教学活动	设计意图
回顾情境交流评价	交流评价。 王大伯的蔬菜大棚里的农作物,利用二氧化碳作为重要原料,通过光合作用制造并积累了有机物,同时还释放出了氧气	教师开展评价活动

（五）教学反思

本课时在开展教学中存在一些问题。例如:学生的自学能力较薄弱,学生难以在较短时间内设计出合理的实验方案,小组讨论参与度不高。我认为有以下改进方法:上课随机抽同学发言,提高学生的紧张感;小组讨论如果有争议,采取其他成员投票的模式,力求所有同学都参与学习;展示学生比较优秀的实验方案设计,发散学生的思维。

（六）总体评析

通过本课时的学习,学生能针对科学探究问题提出可检验的猜想与假设;能针对探究目的和条件,设计实验方案,或者针对提供的具体探究过程,评价实验方案的合理性;能根据探究问题和假设、分析、处理多种信息、事实获取证据,并根据证据进行推理;能根据有效信息推断结论和进行评价;能运用文字、图表、模型等方式获取信息,解释或说明探究过程和结果。

三、光合作用的场所、意义及其应用

（一）概念分析

本课时的概念为"光合作用原理在生产生活中有广泛的应用","植物可以为生物圈中的其他生物提供有机物和氧气"。该概念的建构需要以下基本概念或证据的支持:光合作用的实质是绿色植物通过叶绿体,利用光能,把二氧化碳和水转化成贮存能量的有机物,并且释放出氧气的过程;叶绿体既是生产有机物的"车间",也是将光能转变为化学能的"能量转换器";绿色植物制造的有机物不仅可以用来构建植物体,还养育了生物圈中的其他生物;可以运用光合作用的原理来提高农作物的产量。

(二)教学目标

明确光合作用的场所,理解光合作用的意义。举例说明光合作用的原理在农业生产上的应用。

(三)重难点

理解光合作用的意义,举例说明光合作用的原理在农业生产上的应用。

(四)教学流程

教学环节	教学活动	设计意图
关联单元情境	王大伯承包了一块地,建立了一个蔬菜大棚,去年的蔬菜产量没有别人家的高,他很头疼,你能运用光合作用的原理给他想想办法吗?	联系单元情境,衔接教学内容,激发学生兴趣
提出核心问题	1.光合作用的场所在哪里? 2.光合作用制造的有机物和氧气有何作用? 3.怎么利用光合作用的原理来提高农作物的产量	抛出问题,引导学生思考

续　表

教学环节	教学活动	设计意图
任务1 光合作用发生的场所	探究一:探究光合作用发生的场所。 学生活动:验证光合作用的场所是叶绿体,选用银边天竺葵进行实验。 让学生明确光合作用的场所是叶绿体,叶绿体因含有叶绿素而呈现绿色。叶绿素捕获太阳光,利用光能在叶绿体中合成淀粉等有机物,并且把光能转变为化学能贮存在有机物中 结论:叶绿体既是生产有机物的"车间",也是将光能转变为化学能的"能量转换器"	了解完整的光合作用的探究历程。 设计实验验证光合作用的场所,从物质和能量观的角度,明白光合作用的过程
任务2 光合作用的意义	探究二:这里有一盆银边天竺葵,它和天竺葵的叶片有什么不同?为什么?如果把这盆天竺葵按照"绿叶在光下产生有机物(淀粉)"的实验步骤进行处理,会出现什么现象?为什么? 学生活动:学生小组讨论,分析原因。 教师活动:展示一盆天竺葵及食物网的图片,引导学生思考,由这两幅图片,联想绿叶制造的有机物有什么作用。可以提醒学生从植物体自身及生物圈两方面考虑,当学生思考遇到障碍后,提示可以借助教材资料。 师生总结:从个体水平、器官水平和细胞水平说明有机物构建植物体,并通过食物链和食物网直接或间接地为其他生物提供物质和能量	实验拓展思维,锻炼学生运用前知识的能力,以及由表到里、由宏观到微观分析现象的能力
任务3 光合作用的应用	在农业生产上,为了更好地促进植物的生长,获得高产,可根据光合作用的原理,保证作物有效地进行光合作用所需的各种条件。 提出问题:结合光合作用反应式,想一想要提高光合作用反应,可以改变哪些因素? $$二氧化碳 + 水 \xrightarrow[\text{叶绿体}]{\text{光能}} 有机物(储存能量) + 氧气$$ 1.合理密植:指种植农作物时,单位面积土地上的植株不能过密也不能过稀,这样既能充分利用单位面积上的光照而避免浪费,又不至于让叶片相互遮挡,影响光合作用	联系学生生活实际,提高学生兴趣

教学环节	教学活动	设计意图
任务3 光合作用的应用	2.立体种植(间作套种):立体种植就是把两种或两种以上的作物,在空间和时间上进行最优化组合,以达到增产、增收、延长供应的目的。立体种植也是充分利用光照,提高光合作用效率的最优方法。 提出问题:除了充分利用光照外,我们还可以采取什么措施来提高农作物的光合作用呢? 二氧化碳是植物光合作用的主要原料,空气中二氧化碳浓度一般是0.03%。当空气中二氧化碳的浓度为0.5%~0.6%时,农作物的光合作用就会显著增强,从而使产量大幅提高 举例:(温室中增加二氧化碳的方法)增施有机肥料,利用微生物分解有机物,喷施二氧化碳等	—
联系生活学以致用	出示农业生产中常见的问题:一天中6点、12点及18点,哪个时间点摘菜,蔬菜体内的有机物最多呢? 请利用今天所学知识解释,学生再根据一天中植物体内有机物含量的变化曲线图回答 	培养学生对知识的迁移运用能力、读图的能力,以及利用图中信息分析问题的能力
回顾情境交流评价	交流评价:王大伯承包了一块地,建立了一个蔬菜大棚,去年的蔬菜产量没有别人家的高,他很头疼,你能运用光合作用的原理给他想想办法吗? 学生活动:利用今天所学知识,帮助王大伯解决实际问题	教师依托单元情境开展评价活动,实现情境的前后呼应。 引导学生运用所学知识解释现实生活问题

(五)教学反思

　　这节课的内容包括探究光合作用的场所、意义及应用,课堂通过创设多样的教学情境,调动了学生的积极性。在光合作用的场所及意义两部分,设计了两个演示实验,如果时间充足,改为探究性试验更有助于学生科学探究能力的培养。在光合作用的应用部分,通过引导性的提问,列举出相应的措施,最后联系生活实际,让学生学以致用,培养学生对知识的迁移运用能力、读图的能力,以及利用图中信息分析问题的能力。

（六）总体评析

本课时充分关注了生物学知识与现实生活的联系,引导学生运用所学知识解决实际生活问题,让学生体验学习的成就感。本课时在设计上应当适量回顾前两课时的内容,对本节内容的推进将会有促进作用。

四、绿色植物的呼吸作用的过程

（一）概念分析

本课时的概念为"细胞利用氧将有机物分解成二氧化碳和水,并且将储存在有机物中的能量释放出来,供给生命活动需要"。该概念的建构需要以下基本概念或证据的支持:有机物分解时释放能量,有机物分解产生二氧化碳,有机物分解需要氧的参与。

（二）教学目标

描述呼吸作用的过程。说出呼吸作用是生物的共同特征。

（三）重难点

呼吸作用的过程,呼吸作用的实质。

（四）教学流程

教学环节	教学活动	设计意图
关联单元情境	王大伯今年承包了一个蔬菜大棚，为了管理方便，王大爷夜里睡在大棚里。这种做法可取吗？	通过关联单元的情境设置延续学习内容的连贯性
提出核心问题	1.绿色植物中有机物分解释放了什么？ 2.绿色植物中有机物分解产生了什么物质？ 3.这个过程需要什么的参与	—
任务1 有机物分解时释放能量	演示实验一：有机物分解时释放能量。 教师活动：在上课的前一天，老师用两个暖水瓶装种子，甲瓶中装的是萌发的种子，乙瓶中装的是煮熟的种子，并往瓶中各插入一支温度计。现在请你观察两支温度计显示的温度有什么不同？ 问题1：两种温度的对比说明了什么？种子在萌发过程中发生了能量变化吗？ 学生活动：观察并记录两支温度计的度数，分析实验结果，思考问题，得出萌发的种子释放出了热能，而煮熟的种子不能释放能量。 总结：种子在萌发过程中，其中的有机物发生了变化，释放出能量，一部分能量用于种子萌发，还有一部分能量以热能的形式散失了	运用对照演示实验，引导学生分析过程，得出结论，培养学生分析问题的能力，以及根据实验现象得出结论的科学探究能力

续　表

教学环节	教学活动	设计意图
任务2 有机物分解产生二氧化碳	演示实验二：有机物分解产生二氧化碳。 问题2：伴随着这种能量的产生，细胞中的有机物发生了怎样的变化呢？ 学生活动：袋中是萌发的种子。实验开始时阀门是关闭的，过一段时间后，往袋里注入清水，打开阀门，使袋内的气体进入试管。 问题3：观察澄清的石灰水发生了什么变化？（提示：二氧化碳具有使澄清石灰水变浑浊的特性）。 问题4：种子在萌发过程中放出了什么气体？（二氧化碳）。 学生活动：观察实验现象，根据结果，得出实验中澄清的石灰水变浑浊了，说明种子萌发时放出了二氧化碳。 总结：科学实验证明，二氧化碳来自种子里的有机物。有机物在彻底分解时不仅产生二氧化碳，还产生水	通过问题串的形式引导学生观察和分析实验现象，得出结论，培养学生分析问题的能力，以及根据实验现象得出结论的科学探究能力
任务3 有机物分解需要氧的参与	演示实验三：有机物分解需要氧的参与。 学生活动：甲瓶装有萌发的种子，乙瓶装有等量的煮熟的种子，把甲、乙两瓶同时放到温暖的地方。24小时以后，观察蜡烛在甲、乙两瓶中的燃烧情况 问题5：为什么蜡烛在甲、乙两瓶中的燃烧情况不一样？ 学生活动：观察实验现象，根据结果，得出甲瓶里的氧气被萌发的种子吸收了。 总结：科学实验证明，有机物在彻底分解成二氧化碳和水时，需要氧的参与。 引导学生阅读资料：在特殊情况下，细胞中的有机物没有氧的参与也能分解，但是分解得不彻底，释放出的能量也比较少	学生通过相互交流，学会分享、合作、创新，感受合作带来的成功与喜悦

续　表

教学环节	教学活动	设计意图
任务4 归纳植物 呼吸作用 的过程及 实质	引导学生总结呼吸作用的过程。 教师活动:播放视频"植物呼吸的实质和意义"。 学生活动:归纳总结,细胞利用氧,将有机物分解成二氧化碳和水,并且将储存在有机物中的能量释放出来,供给生命活动的需要,这个过程叫呼吸作用。 科学实验证明,呼吸作用的实质是有机物分解释放能量	通过总结呼吸作用的过程,培养学生归纳概括的能力
回顾情境 交流评价	交流评价:结合单元情境中王大伯为了管理方便,夜里睡在大棚里。这种做法可取吗? 学生活动:思考讨论,此方法不可取。因为植物一天24小时都在进行呼吸作用,吸收氧气排出二氧化碳,夜间密闭的蔬菜大棚里会缺氧,人睡在里面危险,可能会由于缺氧导致休克甚至窒息	依托单元情境开展评价活动,实现情境的前后呼应

（五）教学反思

此教学设计本着对新课改理念的理解,充分发挥学生的主体性、教师主导作用而进行一系列的实验。在探究中发挥合作精神,培养学生的表达交流、动手实践能力。在探究中学会质疑,如有同学提出应把"绿色"去掉,改为"植物的呼吸作用",教师引导学生进行辩论,对于学生敢于向权威发出质疑的行为进行表扬。

（六）总体评析

本课时以"蔬菜大棚内能否睡觉"这一生活实例,引出植物无时无刻不在进行呼吸作用。师生通过交流,得出如何开展探究实验和对照实验。运用三个实验逐步探究出呼吸作用的原料、产物、能量转变等知识点。

本课时可借鉴之处在于,引导学生以生命观念为指导,运用探究实验的方法,得出植物呼吸作用的过程和实质,最后回归生活,找出"大棚内蔬菜不能睡觉"的原因,学以致用。

五、绿色植物的呼吸作用的应用和碳氧平衡

(一)概念分析

本课时的概念为"呼吸作用是生物的共同特征,其实质都是有机物分解,释放能量"和"绿色植物通过光合作用吸收二氧化碳,释放氧气,有助于维持生物圈中的碳氧平衡"。该概念的建构需要以下基本概念或证据的支持:呼吸作用的原理在农业生产、生活上的广泛应用;绿色植物通过光合作用能不断消耗大气中的二氧化碳,又将氧气排放到大气中,对维持生物圈中的二氧化碳和氧气的相对平衡起了重要作用。

(二)教学目标

说出影响光合作用强度的因素。举例说明呼吸作用的原理在农业生产上的应用。理解绿色植物在维持生物圈的碳氧平衡中的重要作用。

(三)重难点

呼吸作用的原理在农业生产上的应用。绿色植物在维持生物圈的碳氧平衡中的重要作用。

(四)教学流程

教学环节	教学活动	设计意图
关联单元情境	王大伯今年承包了一个蔬菜大棚,为了保障蔬菜生长迅速,他经常傍晚给蔬菜浇水,使大棚夜间温度低,进而降低植物夜间的呼吸速率	关联单元情境,衔接学习内容,激发学生继续探究的求知欲

教学环节	教学活动	设计意图
提出核心问题	1.绿色植物呼吸作用的强度受哪些因素的影响？ 2.呼吸作用的原理在农业生产生活怎样应用？ 3.绿色植物如何参与生物圈中的碳氧循环	—
任务1 绿色植物呼吸作用的强度受哪些因素的影响	问题1:植物幼嫩的叶片比衰老的叶片呼吸作用强，花比叶的呼吸作用强，为什么？ 师生总结:生命活动越旺盛的器官，呼吸作用就越强，以便为生命活动提供充足的能量，不同的细胞，同一植物不同的生命时期，呼吸作用的强弱是有差别的。 问题2:将提前两个月准备的萝卜带到班级，分组实验，学生们观察萝卜的外形，掂重量，切开观察内部。思考萝卜为什么这么轻？萝卜主要失去了什么？ 师生总结:表皮皱巴，很轻，切开内部糠心，主要失去有机物。 问题3:如何长期保存萝卜？ 师生总结:降低温度，将萝卜放进冰箱，同时包层保鲜膜，降低氧气浓度以及和氧气接触的面积，这样就降低呼吸作用强度。 问题4:种庄稼时为什么经常松土，目的是什么？ 师生总结:疏松土壤能够保证根的细胞充分进行呼吸作用，促进植物生长发育，这样就提高呼吸作用强度。 总结:呼吸作用的强弱常常是生命活动强弱的标志，影响着植物体的生长发育，关系到农作物的产量和品质	通过问题串的形式引导学生观察和分析实验现象，得出结论，培养学生分析问题的能力，以及根据实验现象得出结论的科学探究能力。 结合生活实例，分析影响呼吸作用的具体因素
任务2 呼吸作用的原理在农业生产生活的应用	问题5:新疆地区昼夜温差大，那里出产的瓜果特别甜，为什么？ 师生总结:因为白天进行光合作用和呼吸作用，但光合作用较强，产生的有机物比较多;晚上只进行呼吸作用，由于昼夜温差较大，所以呼吸作用较弱，消耗的有机物较少，积累的有机物就多，瓜果就特别甜	培养学生解决实际问题的能力

教学环节	教学活动	设计意图
任务3 绿色植物 维持碳氧 平衡	播放视频"绿色植物维持碳氧平衡"。 问题6:生物的呼吸和燃料的燃烧都会消耗大气中的氧气,排出大量的二氧化碳,但是我们为什么没有感觉到缺氧呢? 师生总结:绿色植物在维持生物圈碳氧平衡中的作用 生物圈中的碳氧平衡示意图,明确绿色植物通过光合作用,维持生物圈中的碳氧平衡。 问题7:二氧化碳排放过多,会造成哪些影响? 师生总结:温室效应、冰川融化等。 问题8:在日常生活中,我们应该如何维持生物圈中的碳氧平衡? 学生总结交流	通过相互交流,学生学会分享、学会合作、学会创新,感受合作带来的成功与喜悦
回顾情境 交流评价	交流评价:结合单元情境中王大伯为了保障蔬菜生长迅速,他经常傍晚给蔬菜浇水,科学吗? 学生活动:思考讨论,这大棚夜间温度低,植物夜间的呼吸速率降低,消耗的有机物减少,蔬菜生长迅速	依托单元情境开展评价,实现情境的前后呼应

（五）教学反思

这是思维活跃的一节课,每个学生都有自己独特的精神世界和内在感受,有着不同于他人的观察、思考方式。通过组织不同层次的学生思考讨论绿色植物如何参与碳氧平衡,互相交流、补充,使每一个学生都能体验成功的喜悦,进而对本节的知识体系进行概括。

（六）总体评析

"绿色植物的呼吸作用的应用和碳氧平衡"是建立在"植物通过光合作用和呼吸作用获得生命活动必需的物质和能量,有助于维持生物圈中的碳氧平衡"这一重要概念的基础上的,是学生形成物质和能量观的重要载体。本课时以"蔬菜大棚降低夜间温度增产"的措施,采用适当降低夜间温度,降低呼吸作用的强度,减少有机物的消耗,提高产量,有时要增加植物的呼吸作用强度,如排涝、翻土等,体现了呼吸作用在农业生产生活中的广泛应用。学生通过画出生物圈碳氧平衡的途径图,直观体现了绿色植物参与生物圈的碳氧平衡。

第九章　吃出健康的体魄

第一节　单元教学流程

一、单元教学分析

(一)课标分析

　　本单元聚焦重要概念"5.1 人体通过消化系统从外界获取生命活动所需的营养物质"。"人体生理与健康"的研究对象是具有高度复杂性和统一性的人体,与学生自身的生活密切相关,是初中生物学课程的核心内容之一。通过本单元的学习,学生认识到人体是一个有机统一的整体,人体的各个系统相互协调和配合,共同完成复杂的生命活动,初步形成结构与功能相适应的生命观念。学生在真实的生物学问题情境中分析生活习惯和行为选择可能对个人健康和社会产生的影响,树立健康意识和社会责任,引导学生形成健康生活的态度和行为习惯。

(二)学情分析

　　学生知道人体是通过食物获取营养的,但对食物中含有的营养成分认识有限,对营养物质的作用,以及营养物质如何进入人体也不了解,难以对营养物质和能量的关系建立联系。通过本单元的学习,学生不仅可以从系统、器官、组织、细胞等不同的层次认识人体的静态结构,还可以理解食物的消化和营养物质的吸收这些生命活动是如何"逐步发生"的。如果建立"人体是一个统一的整体"的观念,学生还需要在分析各系统具体的功能的基础上建立他们之间的联系。

二、单元概念解析

本单元在课程标准中由 5 个次位概念共同聚焦重要概念"5.1 人体通过消化系统从外界获取生命活动所需的营养物质"。该重要概念下,几个次位概念基本是按照从特殊到一般、从宏观到微观、从具体到抽象依次建构的。本单元的概念体系可以从事实出发构建次位概念、重要概念,如图 9-1 所示。

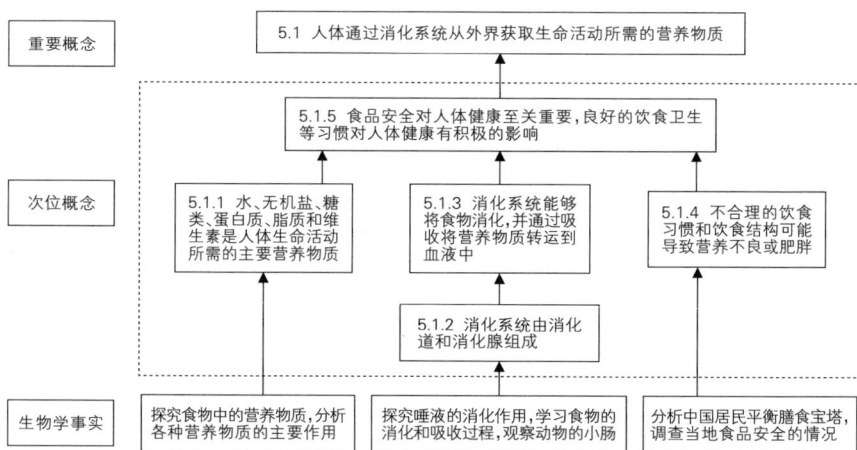

图 9-1 单元重要概念的进阶路径

三、单元教学目标

探究食物中的营养成分和能量,说出人体需要的主要营养物质以及能源物质。分析消化系统的结构图,描述人体消化系统的组成。通过观察、实验探究,概述食物的消化和营养物质的吸收过程。根据合理膳食的要求,尝试设计一份营养合理的食谱。关注食品安全,能够多维度、多层次、较全面地看待食品安全问题。

四、单元评价目标

能够在分析探究食物中的营养成分和能量的实验中,掌握蛋白质、淀粉等物质的检测方法和测定食物中能量的方法,说出需要的各种营养物质及其作用。说出消化系统的基本组成,能够从结构与功能观的视角阐明消化系统的结构与功能。在探究"馒头在口腔里的变化"等实验中,掌握科学探究的一般思路和方法。说出淀粉、蛋白质和脂肪的消化过程。通过观察小肠的结构和制作小肠模型,从结构与功能观的视角分析小肠适于吸收营养物质的结构特点。根据合理膳食的原则,从膳食宝塔中的食物类别的角度设计一份营养合理的食谱。运用所学知识对生活中的食品安全现象和问题进行解释。

五、单元教学思路

(一)单元情境

中国营养学会在《中国居民膳食指南(2022年)》中建议中国居民每日需摄入多种食物,不同类型食物的建议摄入量与营养功能各不相同。

(二)核心任务

分析膳食宝塔中各种食物的主要营养成分及其对人体健康的作用,分析各种食物消化和吸收的过程,通过膳食宝塔中的食物建议设计合理食谱。

(三)教学流程

以支撑本单元重要概念所需的次位概念为课时学习主题,课时教学以问题、任务、活动与评价为主线展开。本单元教学流程,如图9-2所示。

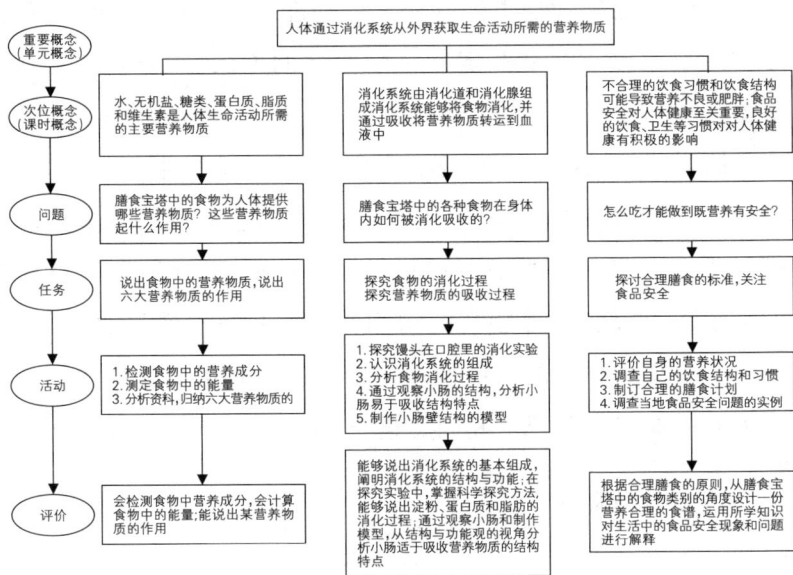

图9-2　单元重要概念教学流程

第二节　课时教学设计

课程内容	课时安排	课型
第一节　检测食物中的营养物质	1	新授、实验
第二节　食物中营养物质的作用	1	新授、实验
第三节　消化	2	新授、实验
第四节　食物在消化系统中完成消化	1	新授
第五节　营养的吸收	1	新授、实验
第六节　合理营养和食品安全	1	新授

一、检测食物中的营养物质

（一）概念分析

本课时的概念为"水、无机盐、糖类、蛋白质、脂质和维生素是人体生命活动所需的主要营养物质"。该概念的建构需要以下基本概念或证据的支持：食物中含有不同种类的物质，如水、无机盐、糖类、蛋白质、脂质和维生素，为人体生命活动提供所需的营养；食物中蛋白质、糖类、脂质是三大能源物质。

（二）教学目标

说出人体需要的营养物质。通过检测活动知道常见食物含有的能量不同。知道各种营养物质的作用。

（三）重难点

重点：说出人体需要的营养物质及其作用。
难点：通过检测知道常见食物中含有的能量不同。

（四）教学流程

教学环节	教学活动	设计意图
创设单元情境	出示《中国居民膳食指南（2022年）》	通过创设单元情境，统领整个单元的教学内容
提出核心问题	膳食宝塔中的食物为人体提供哪些营养物质？ 如何检测食物中的营养物质？ 哪些营养物质为人体提供能量较多	将现实生活问题转变成学科问题，引导学生思考

续　表

教学环节	教学活动	设计意图
任务1 认同食物来源于生物圈	膳食宝塔中展示的食物,哪些是你们喜欢吃的呢? 这些食物来自哪些生物呢? 我们为什么吃这些食物呢? 学生活动:说出自己喜欢的食物和食物来源,讨论摄取食物的重要性	从生活出发,激发学生兴趣
任务2 预测食物中的营养成分	食物能为我们提供哪些营养呢? 请以小组(4人)为单位说出你所带的喜欢吃的食物名称及其含有的营养成分预测表。 学生活动:展示预测表格	引导学生复习所学的细胞中的物质
任务3 检测食物营养成分	我们用什么方法来检测食物中含有的营养成分? 学生活动:滴加碘液变蓝说明含有淀粉,按在纸上出现油斑说明含脂肪,烘烤有水分说明含有水,燃烧后有灰烬说明有无机盐。 要求学生规范操作完成实验。 师生总结:展示检测结果,并评价	—
任务4 测定食物中的能量	食物中都含有较高的能量吗? 怎么测定某种食物的能量? 自主阅读教材P20～22探究实验内容。 视频:测定花生种子能量。 学生活动:写出本组想要探究的问题和做出的假设。观看并学习实验操作。 计算:视频中0.7g花生种子燃烧使30ml水升高16℃,每克种子的能量是多少? 思考:这个探究实验只做一次,结果可靠吗? 应当怎样做? 查阅教材P38～39食物成分表,该实验花生能量数值与表格实际数值一样吗? 为什么? 讨论:怎样做才能尽量减少花生燃烧中热量的散失	学生通过实验,提高处理数据和分析探究结果的能力,有利于创新思维的形成和科学素养的提高
任务5 完成评价表	小组内同学完成实验评估量表	训练科学思维品质
回顾情境交流评价	学生对本节三个核心问题进行交流反馈: 1.食物为人体提供水、无机盐、糖类、蛋白质、脂肪和维生素等。 2.检测食物中的主要成分。 3.糖类、蛋白质、脂肪为人体提供能量	首尾呼应,检验学生目标达成情况

（五）教学反思

本课时采用探究式教学法进行教学，目的是充分发挥学生的主体作用。学生以小组合作的方式参与实验，意图培养学生的跨学科实验操作能力、探究能力、分析实验数据能力。探究食物中的能量实验时，从计算数据到分析误差，处处彰显出小组协同合作、共同学习的团结意识。这些都使我深深感到学生具有极大的潜能和创造力，可塑性极强。教师只有真正创设出好的情景和教学环节才能让学生由被动学习变为主动学习，真正把课堂还给学生。

教学过程中，有的学生失败后即时生成的问题会带给教师新的挑战，如果有无法及时解决的问题，可留下样品课后重复实验，并查阅相关学术文献，以获得科学性结论。

（六）总体评析

1. 紧密联系生活开展跨学科的教学活动。本课时充分关注了生物学知识与现实生活的联系、生物实验与化学原理的联系，指导学生"跟着做""做中思""思而学"，让学生体验到实操的成就感。

2. 改进建议：本节两个实验，容量大，测定"食物中的能量实验"耗时长，不能当堂完成，建议课后由兴趣小组完成，后续课上展示结果。优化实验装置后再做一次与前一次作对比，从而验证学生提出改进方案的可行性。

二、食物中营养物质的作用

（一）概念分析

本课时的概念为"水、无机盐、糖类、蛋白质、脂质和维生素是人体生命活动所需的主要营养物质"。该概念的建构需要以下基本概念或证据的支持:糖类、蛋白质、脂质、维生素和无机盐的食物来源不同;糖类、蛋白质、脂质、维生素、无机盐和水的作用各不相同,共同维持人体生命活动。

（二）教学目标

了解人体需要的各种营养物质。知道各种营养物质的作用。关注食物中的营养物质,认同人类的营养物质主要来自生物圈中的其他生物。

（三）重难点

重点:了解人体需要的重要营养物质。

难点:关注各种营养物质的作用。

（四）教学流程

教学环节	教学活动	设计意图
关联单元情境	出示《中国居民膳食指南（2022年）》	通过创设关联单元情境,延续教学环节内容
提出核心问题	1.膳食宝塔中的食物为人体提供了哪些营养物质? 2.这些营养物质起什么作用? 3.若缺乏某一营养素会有什么危害	基于情境提出学科问题,引导学生思考
任务1 说出糖类、脂肪、蛋白质的作用	展示膳食宝塔图和资料: 实例1:某病人不能进食,医生每天给他点滴葡萄糖溶液,这是为什么? 实例2:该病人术后康复期间每餐进食的食物比较少,病人消瘦了许多,这是为什么? 实例3:自2000年"中国学生饮用奶计划"正式启动,国家为在校中小学生免费提供一份优质牛奶。这是为什么? 学生活动:根据膳食宝塔呈现的食物,参考食物成分表,学生小组讨论糖类、蛋白质、脂肪分别在哪些食物中含量较多?分析以上实例,说出糖类、蛋白质、脂肪对人体的作用。 师生总结:比较糖类、脂肪和蛋白质对人体的作用	通过实例分析和知识梳理,引导学生学会将零散的知识进行系统归纳,建构有效的知识体系

教学环节	教学活动	设计意图
任务2 说出水的作用	展示细胞中各种营养成分的比例。 学生活动:指出占比最高的物质,并结合生活经验,说出它的作用。 师生总结:水是人体细胞的主要成分之一,占体重60%~70%。人体的各项生命活动,离开水都无法进行	联系生活经验和单元知识,做出合理推测
任务3 说出无机盐的作用	人体内的无机盐对人体具有重要作用,人体缺乏某种无机盐还会患相应的营养素缺乏症。 学生活动:参考教材P38~39食物成分表,阅读教材P23表1,小组合作完成填写食物来源。 师生总结:无机盐不仅参与人体的各种代谢活动,还能维持人体生长发育等生命活动的正常进行	分析实例和提取相关信息,总结无机盐的重要作用,培养学生利用课内信息资源的能力,激发学习兴趣
任务4 说出维生素的作用	维生素缺乏也会使人体患相应的营养素缺乏症。 展示维生素发现史。 学生活动: 1.阅读维生素发现史,参考教材P24表2,指出资料1、2、3中提到的夜盲症、坏血病、脚气病的致病原因。 2.参考教材P38~39食物成分表,阅读教材P24表2,小组合作完成填写食物来源。 3.想办法巧记维生素的作用。 师生总结: 1.维生素不是构成人体细胞的原料,也不是细胞的能量物质,却是维持人体正常代谢必需的物质。人体需要量小、作用大、种类多。 2.几种维生素的缺乏症及食物来源: | 维生素的种类	缺乏时的症状	食物来源
维生素A	皮肤干燥、夜盲症(夜晚看不清东西)、干眼症等	动物肝脏、瘦肉、蛋、奶、胡萝卜
维生素B₁	神经炎、消化不良、食欲不振等	动物肝脏、豆类、瘦肉
维生素C	坏血病、抵抗力下降等	辣椒、菠菜、马铃薯等蔬菜以及柠檬、葡萄、橘等水果
维生素D	佝偻病、骨质疏松症等	动物肝脏、蛋黄、鱼肝油等 | 3.通过顺口溜巧记维生素的作用:夜盲A脚气B坏血C佝偻骨质疏松D	分析科学史提取相关信息,总结维生素的重要作用,培养学生利用归纳总结的能力,激发学习兴趣

教学环节	教学活动	设计意图
回顾情境 交流评价	学生对本节三个核心问题进行交流反馈： 1.食物为人体提供水、无机盐、糖类、蛋白质、脂肪和维生素； 2.食物中含有的营养物质对人体的作用是不同的； 3.缺乏某一营养素会患上相应的缺乏症	引导学生交流本节收获，归纳重点

（五）教学反思

本课时采用"情景—分析—总结"教学法进行教学，目的是充分发挥学生提取信息、总结归纳的能力，让学生认同饮食的重要性。教师只有真正创设出好的情景和教学环节才能让学生由被动学习变为主动学习，真正把课堂还给学生。

（六）总体评析

1.本课时充分体现生物学知识来源于生活，服务于生活。

2.改进建议：课前让学生预习食物成分表，带着问题进入课堂，有利于对课本信息的提取和利用；学生很容易通过顺口溜记住维生素的作用，"钙""碘"等高频错别字，需要加强训练。

三、消化

（一）概念分析

本课时的概念为"消化系统能够将食物消化"。该概念的建构需要以下基本概念或证据的支持：食物中的大分子物质被分解成小分子物质才能被细胞吸收，食物在消化道内分解成可以被细胞吸收的物质的过程叫做消化，探究馒头在口腔中的变化，食物的消化过程包括物理性消化和化学性消化。

（二）教学目标

通过设计对照实验,探究馒头在口腔中的变化。通过探究实验,理解消化的概念。认同良好的饮食习惯的重要性。

（三）重难点

重点:设计对照实验。

难点:探究馒头在口腔中的变化。

（四）教学流程

教学环节	教学活动	设计意图
关联单元情境	展示《中国居民膳食指南(2022年)》	关联单元情境,明确课时教学指向
提出核心问题	1.膳食宝塔食物提供的营养物质都能直接被人体吸收利用吗? 2.如果不能直接被细胞吸收,要经历怎样的变化才可以? 3.为什么吃饭应该细嚼慢咽,不提倡狼吞虎咽	将情境中现实生活问题转变成学科问题,引导学生思考
任务1消化的概念	我们吃的食物需经过消化才能被吸收,那什么是消化? 实验视频:淀粉和葡萄糖透过鸡嗉囊的差异。 学生活动:观看视频后讨论,淀粉和葡萄糖这两种物质,哪种物质可以透过嗉囊?为什么?细胞膜和嗉囊有相似的功能,淀粉不能透过嗉囊,因为它分子较大;而葡萄糖分子较小。食物中的淀粉、蛋白质和脂肪等大分子有机物,必须分解为小分子物质后,才能被消化管壁上皮细胞吸收。 师生总结:食物在消化道内分解成被细胞吸收的小分子物质的过程,叫做消化	学生通过观看演示实验,讨论分析食物为什么要消化,归纳出消化的概念

教学环节	教学活动	设计意图
任务2 探究馒头 在口腔中 的变化	过渡：食物是怎样被消化的？食物的消化需要哪些条件？ 学生活动： 1.细细咀嚼馒头，体验馒头在口腔中的变化。 2.按照探究实验的一般过程来完成探究。 ①提出问题：馒头为什么会变甜？与哪些因素有关？ ②做出假设：馒头变甜与牙齿的咀嚼、舌的搅拌、唾液有关 ③制订计划：小组围绕所提出的问题和做出的假设，结合实验设计提示，设计实验组和对照组，确定变量，讨论实验设计的可行性，并完善实验计划。 ④实施计划：组内成员分工合作，进行实验探究，观察记录实验现象，填写实验报告，讨论问题。 为什么要将实验装置放在37℃的水温中？ 哪个试管内的淀粉发生了分解？小组得出的结论是什么？ ⑤分析结果，得出结论：小组派代表交流讨论。 师生总结：馒头变甜与唾液的分泌、牙齿的咀嚼、舌的搅拌都有关系	小组成员在实验方案的讨论中可以互相弥补思维的不足，在操作中培养团队精神和分工合作的意识
任务3 完成评价 表	小组内同学通过完成实验评估量表	—
任务4 食物的消 化过程包 括物理性 消化和化 学性消化	资料1：唾液中含有唾液淀粉酶，在淀粉酶的作用下，淀粉分解为麦芽糖。 资料2：酶是由活细胞产生的一种活性蛋白，可以识别特定的大分子物质，在适宜的条件下将其分解成小分子 学生活动：根据资料，思考分析为什么唾液可以消化淀粉？唾液的消化和牙齿舌头的消化有什么不同？ 师生总结：通过分析淀粉分解成麦芽糖示意图得出唾液中含有的淀粉酶可以将大分子物质分解为小分子物质。 食物的消化过程包括两个方面：一是将食物切断、磨碎、与消化液充分混合，属于物理性消化；二是食物中的大分子有机物在消化酶的作用下分解为能被细胞吸收的其他小分子有机物，属于化学性消化	分析消化酶的作用，归纳消化两个方面内容，为后面学习食物消化的全过程奠定基础

续　表

教学环节	教学活动	设计意图
回顾情境 交流评价	学生对本节三个核心问题进行交流反馈: 1.食物中的小分子营养物质如水、无机盐能直接被人体吸收利用。 2.淀粉、蛋白质和脂肪等大分子物质不能直接被细胞吸收,必须消化成小分子物质才能被吸收。 3.食物的消化过程包括物理性消化和化学性消化	依托单元情境开展评价活动,实现情境的前后呼应

（五）教学反思

本课时亮点:一是注重生活实例与生活学知识的有机融合。教学时,教师利用单元情境,激发学生兴趣,再引入实验视频"淀粉和葡萄糖透过鸡嗉囊的差异",让学生积极主动地参与相关内容的讨论,使学生形成"消化是指将食物中的大分子物质分解成能被细胞吸收的小分子物质"的概念。二是采用探究式教学法进行教学,目的是充分发挥学生的主体作用,以小组合作的方式亲自参与实验,有助于培养学生的实验操作能力、探究能力。

本课时存在的不足之处:探究实验时预设与生成有一定的差距,学生的思维很活跃,实验过程中会有新问题产生,实验时间把握上有待改进。

（六）总体评析

1.本课时充分关注了生物学知识与现实生活的联系,引导学生发现问题,解决问题。通过演示实验"淀粉和葡萄糖透过鸡嗉囊的差异"和探究实验"馒头在口腔中的变化"来学习消化的概念,使探究成为概念学习的途径。教师以学生为主体,引导学生以自主探究、合作学习的方式,实现概念的构建,提高学生科学素养。

2.改进建议:本课时有两个实验,应合理安排好两个实验的时间安排和学生讨论的问题,优化探究实验的过程,让学生有更多时间自主探究、合作学习,构建消化的概念。

四、食物在消化系统中完成消化

(一)概念分析

本课时的概念为"消化系统由消化道和消化腺组成""消化系统能够将食物消化"。该概念的构建需要以下基本概念或证据的支持:消化系统由消化道和消化腺组成;消化道包括口腔、食道、胃、小肠、大肠、肛门等,消化腺包括唾液腺、胃腺、肝脏、胰腺、肠腺等。食物的消化过程包括物理性消化和化学性消化;淀粉、蛋白质、脂肪的消化过程。

(二)教学目标

通过营养输送之旅认识消化系统的组成,初步形成结构与功能相适应的生物学观点。通过营养输送之旅梳理食物的主要消化过程。

(三)重难点

重点:描述消化系统的组成。

难点:概述食物的消化过程,认识酶在消化过程中的重要作用。

(四)教学流程

教学环节	教学活动	设计意图
关联单元情境	展示《中国居民膳食指南(2022年)》	关联单元情境,明确课时教学指向
提出核心问题	1.膳食宝塔中的淀粉、蛋白质、脂肪等大分子营养物质如何被消化的? 2.消化的主要器官是哪一个	引导学生思考本课时的核心问题

续　表

教学环节	教学活动	设计意图
任务1 说出消化 系统的组 成	自主阅读教材P29的消化系统的组成和功能示意图。 学生活动:说出消化系统的组成。 1.食物依次经过了哪些器官,归纳出消化道的组成。 2.说出消化腺的组成。 师生总结:消化系统由消化道和消化腺组成	学生通过观察 图片,深入思 考问题
任务2 食物消化 的过程	学生活动:自主阅读教材P28~29,结合消化液的作用和 去向分析淀粉、蛋白质、脂肪在消化道中的消化过程。 淀粉、蛋白质、脂肪最终被分解成什么物质? 消化的主要 器官是哪一个? 师生总结:食物的消化过程。消化包含物理性消化和化学 性消化	学生通过自主 学习,描述食 物消化的过程
任务3 消化的主 要器官是 小肠	过渡:为什么小肠是消化的主要器官? 学生活动:通过阅读书本,寻找支持主张的证据。 1.小肠中的消化液种类多。 2.技能训练——解读曲线图,可知淀粉、蛋白质、脂肪这三 种物质在小肠这一场所被消化的程度最高。 3.分析小肠长度数据,观察小肠结构。 师生总结:小肠长度长、消化液多、面积大是消化的主要 器官	基于生物学事 实总结出小肠 适于消化的结 构特点,促进 学生树立结构 与功能观
回顾情境 交流评价	本节核心问题反馈: 1.在消化酶的作用下,食物中的蛋白质经过胃、小肠逐步 分解成氨基酸,淀粉经过口腔、胃、小肠逐步分解成葡萄 糖,脂肪在小肠中逐步分解成甘油和脂肪酸。葡萄糖、氨 基酸、甘油和脂肪酸是能被人体吸收的小分子营养物质。 2.小肠是消化的主要器官	依托单元情境 开展活动,了 解食物的消化 过程

（五）教学反思

本课时亮点:一是注重生活实例与生活学知识的有机融合。教学时,教师利用单元情境,激发学生兴趣,让学生积极主动地参与相关内容的讨论,逐步形成"消化系统是由消化道和消化腺组成"这一概念。

二是问题的设计符合学生的认知规律,如在进行"食物的消化过程"教学时,先让学生分析资料,通过比较、分析,发现问题,通过问题串,逐步解决问题,最终说出食物的消化过程。

本课时存在的不足之处:预设与生成有一定的差距,学生的思维很活跃,但是回答问题的质量还有待提高。

（六）总体评析

1.本课时充分关注了生物学知识与现实生活的联系,引导学生运用所学知识解决实际生活问题,让学生体验到学习的成就感。

2.改进建议:本课时含有大量的生物学名词,学生一时难以记住,在当堂小结时,需以概念图的形式让学生填空,从而加深对新名词的记忆。

五、营养的吸收

（一）概念分析

本课时概念为"消化系统能够将食物消化,并通过吸收将营养物质转运到血液中"。该概念的建构需要以下基本概念或证据的支持:小肠是吸收营养物质的主要器官,食物消化后形成氨基酸、葡萄糖以及大量的水、无机盐等物质被小肠所吸收。

（二）教学目标

通过本节学习明确小肠适于吸收的结构特点,掌握人体中营养物质的吸收部位。运用这些知识来解释和预防与吸收有关的疾病。通过讨论和交流,认同人体结构与功能相适应的生物学观点。

（三）重难点

重点：小肠适于吸收的结构特点。

难点：小肠适于吸收的结构特点。

（四）教学流程

教学环节	教学活动	设计意图
关联单元情境	展示《中国居民膳食指南（2022年）》	设置单元情境，引出单元教学内容
提出核心问题	1.膳食宝塔中食物都会被消化变成哪些小分子物质？在哪里被吸收？ 2.为什么说小肠是最主要的吸收器官	将现实生活问题转变成学科问题
导入新课	情景资料：小明同学的妈妈为小明精心准备了一顿午餐，一碗米饭、清蒸鲈鱼、千张红烧肉、炒青菜、番茄蛋汤，小明饱餐了一顿。通过前面的学习，你知道每一份食物中的主要的营养物质是什么？哪些营养需要消化，最终被消化成是什么小分子物质？ 学生活动：回顾旧知，回答问题	回顾旧知，学习新的知识

教学环节	教学活动	设计意图
任务1 概述营养物质的吸收过程	食物消化后形成的葡萄糖、氨基酸等物质,主要是在小肠中还是在大肠中被吸收的呢? 学生活动: 比一比:两者的长度和粗细;摸一摸:纵向剪开小肠,洗净放在盛有生理盐水的培养皿中,用手摸一摸小肠内外表,是平整的还是凹凸不平的;看一看:将培养皿放在黑纸片上,用放大镜观察小肠内外表,特别是边缘局部,是光滑的还是毛糙的? 想一想:肠长度和内表面的粗糙程度对营养吸收有什么作用? 营养吸收的主要器官是小肠还是大肠? 师生总结:大肠较白,说明血管少,管壁厚,长度较短,内表面也有环状皱襞。小肠呈红色说明血管多,长度较长,管壁薄,内表面有环状皱襞,比大肠更毛糙,增加了与营养的接触面积,更易于吸收。	实验观察猪小肠和大肠,学生宏观感受小肠和大肠的结构特征和区别。
	播放视频"小肠的结构特征"和展示小肠结构示意图。 学生活动:说出小肠适于吸收的主要结构特点。所有的营养物质都在小肠中被吸收了吗? 师生总结:小肠的结构特点使其成为吸收的主要器官。未被小肠消化吸收的营养物质,下行到大肠,其中一部分水、无机盐和维生素被大肠吸收。剩余的残渣形成粪便,排出体外	观看微观的小肠绒毛视频,强化结构和功能相适应的生物学观点
任务2 制作小肠壁模型	根据小肠的结构特征来制作小肠的结构模型。 材料器具:不同颜色的纸,剪刀,尺子,胶水等。 学生活动:制作纸质小肠结构模型,测量和比较模型内表面积的变化。说出自己的模型中各部分分别代表小肠结构中的哪些部分? 各组展示作品,评选最佳作品。 师生总结:小肠很长,内表面有许多皱襞和小肠绒毛,使小肠的消化吸收面积大大增加,小肠绒毛壁很薄,绒毛中有丰富的毛细血管,这些特点有利于小肠吸收营养物质。圆筒纸代表小肠壁;褶皱的纸代表小肠的皱襞;纸板上粘连的纸条代表小肠绒毛	学生通过实验制作小肠壁模型,锻炼动手能力,制作出的模型帮助学生将内化的知识外显出来

续　表

教学环节	教学活动	设计意图
回顾情境 交流评价	核心问题反馈： 1.食物中的营养物质维生素、水和无机盐可以被直接吸收利用,糖类、蛋白质、脂肪等物质需要分解为结构简单的小分子物质,才能被吸收利用。营养物质主要在小肠中被吸收。 2.小肠结构特点：小肠很长,有皱襞和绒毛使得内表面积增加,同时绒毛内毛细血管丰富,且绒毛壁和毛细血管都很薄	首尾呼应,检验学生目标达成情况

（五）教学反思

本课时亮点：一是注重生活实例与生活学知识的有机融合。教学时,教师利用单元情境,激发学生兴趣,让学生积极主动地参与相关内容的讨论中,逐步形成"消化系统能够将食物消化,并通过吸收将营养物质转运到血液中"这一理解。二是情景的设计和实验设计符合学生的认知规律,如在进行"概述营养物质的吸收过程"教学时,营养物质被消化后在哪里被吸收,设疑,激发学生兴趣。通过观察猪小肠和大肠实验,学生直观感受小肠作为吸收营养物质主要器官的特征,强化对概念的认识。学生制作小肠壁模型时,深刻感受到小肠皱襞和小肠绒毛对于吸收营养物质表面积大大增加的作用。

本课时存在的不足之处：模型制作实验材料过于单一,操作起来仍有很多不便,鼓励学生课下利用更多材料制作模型。

（六）总体评析

1.本课时充分关注了生物学知识与现实生活的联系,引导学生运用所学知识解决实际生活问题,让学生体验到学习的成就感。

2.改进建议：提前布置任务,学生自行选择材料,制作模型,并在班级中做评比。

六、合理营养和食品安全

（一）概念分析

本课时的概念为"不合理的饮食习惯和饮食结构可能导致营养不良或肥胖""食品安全对人体健康至关重要，良好的饮食、卫生等习惯对人体健康有积极的影响"。该概念的建构需要以下基本概念或证据的支持：合理营养是指全面而平衡的营养；为了保持身体健康，必须保持每日三餐、按时进食；在每日摄入的总能量中，早、中、晚餐的能量应当分别占 30%、40% 和 30%。

（二）教学目标

举例说出什么是合理营养。关注食品安全。尝试运用有关合理营养的知识，设计一份营养合理的食谱，关心长辈的饮食。认同环境保护与食品安全之间的统一性。

（三）重难点

重点：关注合理营养和食品安全在健康生活中的意义。
难点：学生通过分析，认同环境保护与食品安全之间的统一性。

（四）教学流程

教学环节	教学活动	设计意图
关联单元情境	展示《中国居民膳食指南（2022年）》	关联单元情境，衔接教学内容

续　表

教学环节	教学活动	设计意图
提出核心问题	1.为什么膳食宝塔中油、盐占比最少？只吃肉不吃青菜,这样的饮食习惯长期对身体有什么危害？ 2.如何设计合理的午餐食谱？ 3.关注食品安全	将现实生活问题转变成学科问题,引导学生思考
任务1 说出什么是合理营养	自主阅读教材P32的图4-23。 学生活动:分析图片内容,然后与其他同学讨论图片中的做法是否正确,并说出科学道理。营养学家将食物分为哪几类？每日早、中、晚餐能量摄取比例应该是多少？ 师生总结:饮食结构不合理,会影响人体的生长发育,还会引发一些疾病。为了做到合理营养,我国的营养学家将食物分为五类,并形象地设计成"平衡膳食宝塔"。为保持身体健康,必须保证每日三餐、按时进食	通过教材中漫画的教育,帮助学生明白不合理的饮食习惯和饮食结构不利于身体健康
任务2 设计一份营养合理的食谱	根据营养学家的饮食建议,设计一份营养合理的食谱。 学生制作表格中应体现以下内容: 1.家庭成员有哪些,成员中是否有人患有疾病,饮食需要特殊考虑。 2.营养合理的食谱,分别选择什么样的食材？食材用什么方式烹饪？ 3.设计出食谱,小组内交流,然后进行修改和完善。 4.根据设计的食谱,亲自在家中烹调,请家长品尝,并讲明你设计的食谱中的科学道理,听取家长对食谱的意见。 师生总结	学生通过设计一家人食谱,在交流谈论和查阅资料中,收获更多的实践经验,也能从中体会家长操持家庭生活的不易
任务3 关注食品安全	学生分小组调查:走进超市,查看最爱吃的5种零食的配料表和营养成分表,查阅资料知晓零食中添加剂的作用及其对人体的危害;走进菜市场,随机调查菜市场5种食材的来源 师生总结:食品安全指食品无毒、无害,符合应当有的营养要求,对人体健康不造成任何急性、亚急性或者慢性危害	学生通过调查活动,了解平常所吃食物的相关信息
回顾情境 交流评价	本节核心问题反馈: 1.选择健康的饮食方式; 2.根据营养膳食宝塔及营养学家建议,设计食谱; 3.关注食品安全问题	首尾呼应,检验学生目标达成情况

（五）教学反思

本课时的亮点：一是注重生活实例与生活学知识的有机融合。教学时，教师利用单元情境，激发学生兴趣，让学生积极主动地参与相关内容的讨论，逐步形成"不合理的饮食习惯和饮食结构可能导致营养不良或肥胖""食品安全对人体健康至关重要，良好的饮食、卫生等习惯对人体健康有积极的影响"这两个观念。二是问题的设计和活动设计符合学生的认知规律。在进行"举例说出什么是合理营养"教学时，先让学生通过看教材图片及联系生活实际知晓不良的饮食习惯和不合理的饮食结构给人们身体带来的危害。再让学生自己设计一家人一日三餐食谱，在实践中感悟科学饮食的真谛并从中体会家长的不易，引导学生去关注长辈，从而渗透情感教育。最后让学生通过走访调查的方法让学生了解我们所吃食物的优缺点，做到合理健康饮食。

（六）总体评析

1.本课时充分关注了生物学知识与现实生活的联系，引导学生运用所学知识解决实际生活问题，让学生体验到学习的成就感。

2.改进建议：本课时活动较多，实际教学过程中，学生参与度参差不齐，在当堂小结时，应多鼓励学生在实践活动中学习知识，在生活中多做多说，并及时记录自己的感悟。

第十章 跟着血液去"旅行"

第一节 单元教学流程

一、单元教学分析

(一)课标分析

本单元是《义务教育教科书·生物学七年级下册》(人民教育出版社 2012 年版)的第四章。物质是通过血液来运输的,血流的管道是血管,动力是心脏,所以依次编排"流动的组织——血液""血流的管道——血管""输送血液的泵——心脏"三节内容,帮助学生血液循环的完整概念。另外,把"输血与血型"安排在最后,让学生理解安全输血的原则,确立无偿献血的意识。本单元围绕重要概念"5.2 人体通过循环系统进行体内的物质运输",下设 2 个次位概念"5.2.1 描述了血液循环系统的结构组成""5.2.2 主要介绍了血液循环系统的运输功能"。相关内容的学习对学生加深理解人体结构与功能相互适应的关系,理解人的各种生命活动,自觉养成良好生活习惯有重要意义。此部分内容安排在消化系统和呼吸系统之后,不仅解决了学生在之前两部分内容学习中留下的物质和气体运输问题,也为之后人体内废物的排出及激素运输做了铺垫。

（二）学情分析

通过对"人体的营养"和"人体的呼吸"两章节的学习，学生已经认识到人从生物圈获取食物和氧气，食物中的营养物质和大气中的氧被人体吸收后，经血液循环系统才能运送到全身各处的组织细胞中被利用，为本单元生命观念的形成奠定了基础。

通过日常生活经验学生已经对血液循环系统的各个组成部分有一定的认识，但对其中的具体结构及其功能，尤其是血液循环途径的知识比较匮乏，而这部分知识又比较抽象。因此，在教学中应尽可能通过各种实验和多媒体辅助将教学内容形象直观化，引导学生从结构与功能观的视角帮助学生形成"人体通过循环系统进行体内的物质运输"这一重要概念，从而建立系统的、科学的生命观念。

二、单元概念解析

本单元在课程标准中由2个次位概念共同聚焦重要概念"5.2 人体通过循环系统进行体内的物质运输"。在学习的过程中需要先带领学生通过观察、实验、模型建构等方法认识到血液循环系统各组成部分的结构及其功能，进而建构次位概念"5.2.1 血液循环系统包括心脏、血管和血液"，在此基础上再进行血液循环过程及其功能的学习，从而建构次位概念"5.2.2 血液循环包括体循环和肺循环，其功能是运输氧气、二氧化碳、营养物质、代谢废物和激素等"，最终完成对本单元重要概念的建构。本单元的概念体系从事实出发构建次位概念、重要概念，如图10-1所示。

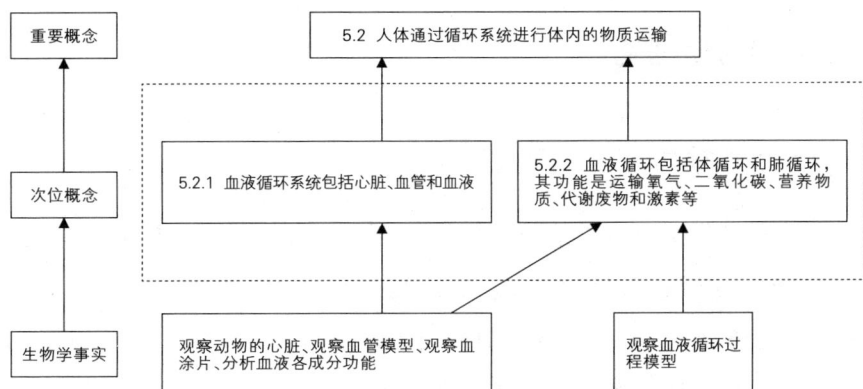

图 10-1　单元重要概念的进阶路径

三、单元教学目标

通过血液的组成成分的分析及血常规化验单的数据解读,提高相关问题的理解和解决能力。通过观察、探究等学习活动,描述不同血管以及心脏的结构特点和功能,形成结构与功能相适应的生命观念。通过观察模型、绘制血液循环途径,理解血液循环的过程和意义,说明体循环和肺循环的相互联系,进一步形成结构与功能相适应的生命观念。通过了解血型鉴定,能够列举 ABO 血型的类型,概述人体的血量以及输血与血型的关系,树立健康公民应积极参加无偿献血的观念。

四、单元评价目标

在学习循环系统的组成后,能运用结构与功能观,解读血常规化验单,尝试说出各组成数据的结构特点及功能。在学习血液循环过程后,能运用结构与功能观,描述出循环过程中血液成分的变化,说明体循环和肺循环的相互联系,能运用生命观念科学解释血液循环对人体的意义。在学习输血与血型后,能说出安全输血的原则。

五、单元教学思路

(一)单元情境

某人因工作需要,长期熬夜加班。某次,他在和朋友打羽毛球时突然感到胸闷、胸痛、呼吸困难,急忙前往医院救治。医生让他做了血常规检查,血常规化验单上显示血糖含量、血脂含量和血细胞含量等异常,并进行了冠状动脉CTA检查,果然检查结果显示冠状动脉狭窄,确诊为冠心病。医生马上予以吸氧、扩冠等对症治疗,以增加冠脉血流,缓解心肌缺血缺氧,同时嘱咐其静卧休息,养成良好生活习惯,若病情进一步恶化,则需要进行手术治疗。

(二)核心任务

了解血管、血液和血型,以及心脏的结构。血液循环的途径和意义。

(三)教学流程

为支撑本单元重要概念所需的次位概念为课时学习主题,课时教学以问题、任务、活动与评价为主线展开。本单元教学流程,如图10-2所示。

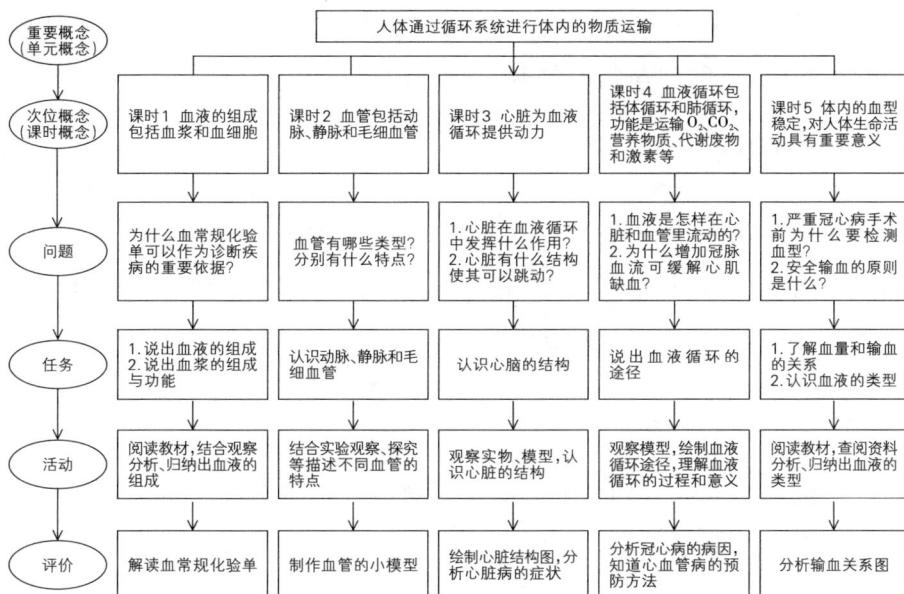

图 10-2 单元重要概念教学流程

第二节 课时教学设计

课程内容	课时安排	课型
第一节 流动的组织——血液	1	新授、实验
第二节 血流的管道——血管	1	新授、实验
第三节 心脏的结构和功能	1	新授、实验
第四节 血液循环的途径	1	新授
第五节 输血与血型	1	新授

一、流动的组织——血液

（一）概念分析

本课时的概念为"血液循环系统包括心脏、血管和血液"。该概念

· 153 ·

的建构需要本课时中以下基本概念或证据的支持:血液的组成包括血浆和血细胞,血细胞包括红细胞、白细胞、血小板。

(二)教学目标

通过实验和资料的血液分层现象,分析血液的成分。通过显微镜观察人血涂片,识别不同的血细胞,分析不同血细胞的功能。通过不同血细胞的功能,解读血常规化验单。

(三)重难点

血液的组成成分和各成分的主要功能。用显微镜观察人血的永久涂片并识别血细胞。

(四)教学流程

教学环节	教学活动	设计意图
创设单元情境	某人因工作需要,长期熬夜加班。某日,他在和朋友打羽毛球时突然感到胸闷、胸痛、呼吸困难,急忙前往医院救治。医生让他做了血常规检查,血常规化验单上显示血糖含量、血脂含量和血细胞含量等异常,并进行了冠状动脉CTA检查,果然检查结果显示冠状动脉狭窄,确诊为冠心病。医生马上予以吸氧、扩冠等对症治疗,以增加冠脉血流,缓解心肌缺血缺氧,同时嘱咐其静卧休息,养成良好生活习惯,若病情进一步恶化,则需要进行手术治疗	通过设置单元情境,创设教学环节,统领整个单元的教学内容
提出核心问题	为什么血常规化验可以作为判断是否健康、诊断疾病的重要依据呢?	基于情境提出问题,引导学生思考

续　表

教学环节	教学活动	设计意图
任务1 说出血液 的组成	现实生活中需要繁忙的运输线,满足人员及货物往来的需要,人体作为一个统一的生命体,食物中的营养物质和大气中的氧被人体吸收后,需要运送到全身各处。人体的运输线就是遍布全身的血管,里面流动的血液就承载着我们体内物质的运输任务。 自主阅读教材P51的资料分析。 学生活动:含有抗凝剂的血液,静置一段时间后,为什么会出现分层的现象?分几层?结合图观察,血液可能是由哪几部分组成的?血常规化验单上所列的血液成分,分别在什么层位? 师生总结:血液中含有不同的成分,它们的质量不同。含有抗凝剂的血液,离心或静置一段时间后会逐渐分成上下两层以及中间一层薄的白色物质。血液由上层淡黄色液体血浆,下层红色部分的红细胞,两层交界面薄的一层白色物质白细胞和血小板构成	通过观察和数据分析,帮助学生直观地认识血液的组成成分
任务2 说出血浆 的组成与 功能	自主阅读教材及P52的图4-31。 学生活动:为什么把血液称为"流动的组织"?血浆有什么功能? 师生总结:血浆里含有大量水分,约90%,就像小河流水一样,随着水的流动,血液中的各种物质和结构都随水而动,血液成为一种可以流动的组织。血浆的主要作用是运载血细胞,运输维持人体生命活动所需的物质和体内产生的废物	通过数据资料帮助学生理解分析血浆的作用,实现学生自主学习
任务3 说出血细 胞的结构 与功能	观察实验:用显微镜观察人血永久涂片。 学生活动:认识红细胞、白细胞,比较它们的形态和数量。 自主阅读教材P53文字。 学生活动:为什么血液呈红色?红细胞有什么结构特点,具有什么功能?白细胞的结构有什么结构特点,具有什么功能?血小板有什么结构特点,具有什么功能? 师生总结	通过使用显微镜与阅读教材相结合,学生初步形成结构与功能相适应的观点

续　表

教学环节	教学活动	设计意图
任务4 解读血常规检测单	展示3张不同病情的血常规诊断报告单:红细胞或血红蛋白减少;白细胞数量增加;血小板数量较多。 学生活动:小组讨论判断三张报告单的病人可能出现的病情,说明理由,并制定合理的治疗方案。 师生总结:病人①贫血(血液运氧能力低下),病人②出现炎症,病人③有血栓风险	通过解读血常规报告单,加深理解,培养学生解决问题的能力
回顾情境交流评价	结合单元情境中某人血常规化验单上显示血糖含量、血脂含量和血细胞含量等异常,可以诊断此人身体可能出现相应疾病,所以生活中要养成良好的作息习惯,不可以经常熬夜	依托单元情境开展评价活动,实现情境的前后呼应

(五)教学反思

本课时的亮点主要体现在两个方面:一是注重生活实例与学科知识的有机融合。教学时,教师利用单元情境,激发学生兴趣,让学生积极主动地参与相关内容的讨论,逐步认识到血液的组成与功能。二是利用实验、数据分析等使得学习内容更加直观,问题设计符合学生认知规律,如血液分层实验的观察,帮助学生轻松认识了血液成分。人血涂片的观察,帮助学生在观察和讨论的基础上清晰了解三种血细胞的特点。最后检验单的展示,引导学生将所学知识加以应用,轻松接受本节内容。

本课时存在的不足之处:本课时对学生自主学习以及分析解决问题的能力要求较高,教学中应该关注到大多数同学,过程中需注意对学生引导,帮助全体学生理解获取知识。

（六）总体评析

1.本课时充分关注了生物学知识与现实生活的联系,通过解读血常规诊断报告单,引导学生运用所学知识解决实际生活问题,让学生体验到学习的成就感。充分发挥学生学习的主动性和积极性。

2.改进建议:本课时中血液的组成结构较多,功能相对复杂,可以通过多种生活实例分析各组成成分的功能,便于学生加深理解。

二、血流的管道——血管

（一）概念分析

本课时的概念为"血液循环包括心脏、血管和血液"其中的血管部分。该概念的建构需要以下基本概念或证据的支持:从结构和功能角度,说明动脉、静脉和毛细血管在形态、结构和功能方面的差异。

（二）教学目标

通过观察小鱼尾鳍内血液流动实验,识别三种血管。通过资料,分析不同血管的特点和功能。了解相关疾病,关注心血管健康。

（三）重难点

动脉、静脉与毛细血管的特点与功能。观察小鱼尾鳍内血液流动的现象并找到三种血管。

（四）教学流程

教学环节	教学活动	设计意图
关联单元情境	某人因工作需要,长期熬夜加班。一段时间后,他在和朋友打羽毛球时突然感到胸闷、胸痛、呼吸困难,急忙前往医院救治。医生让他做了血常规检查,血常规化验单上显示血糖含量、血脂含量和血细胞含量等异常,并进行了冠状动脉CTA检查,果然检查结果显示冠状动脉狭窄,确诊为冠心病。马上予以吸氧、扩冠等对症治疗,以增加冠脉血流,缓解心肌缺血缺氧,同时嘱咐其静卧休息,养成良好生活习惯,若病情进一步恶化,则需要进行手术治疗	关联单元情境,衔接教学内容
提出核心问题	1.血管都是一样的吗? 2.不同的血管有什么特点	基于情境提出问题,导向课时内容
任务1 观察小鱼尾鳍内血液的流动	不同的创伤、伤及的血管不同出血的情况也不同,这与不同血管中血流状况有关。 自主阅读教材P56～57,并观看实验视频。 学生活动:观察小鱼尾鳍内血液的流动。 观察过程中,应时常用滴管往棉絮上滴水以保持湿润,尽量使小鱼少受伤害。实验结束后,将小鱼放回鱼缸。 思考:包裹小鱼有哪些注意事项? 安放小鱼有哪些注意事项? 将培养皿放在载物台上,用低倍镜观察血液流动情况,保持小鱼鳃部的湿润;使尾鳍平贴在培养皿上; 保持载物台与镜头的清洁。 小组讨论:你观察到了几种血管? 这些血管中血流速度一样吗? 在你看到的毛细血管中,红细胞是呈单行移动的吗? 这说明毛细血管有什么特点? 师生总结	学生自主阅读教材,通过阅读和小组交流,初步感知本节主要内容,即血管的类型及特点

续　表

教学环节	教学活动	设计意图
任务2 认识动脉、毛细血管、静脉	自主阅读教材P57~59,教师出示图片。 学生活动:动脉的特点和功能;毛细血管的结构和功能;静脉的特点和功能;三种血管之间的联系。 师生总结: 1.动脉:将血液从心脏输送到身体各部分去的血管。 特点:分布较深;管壁厚、弹性大;管内血流速度快;血流方向由大血管到小血管。 2.毛细血管:连通最小的动脉与静脉的血管,其特点是分布广泛;管壁非常薄、仅由一层上皮细胞构成;管内直径小(仅有8~10微米),只许红细胞单行通过;血流速度最慢,功能是有利于和组织细胞进行物质交换。 3.静脉:将血液从身体各部分送回心脏的血管。 特点:分布较浅("青筋"就是静脉);管壁薄、弹性小;管内血流速度慢;方向由小到大;不能搏动;有静脉瓣(四肢静脉的内表面,通常具有防止血液倒流的静脉瓣)。 4.血液在三种血管中的流动方向:动脉→毛细血管→静脉	通过观察图片,学生可以明确地观察到动脉、静脉及毛细血管的特点,更易于学生对相关知识理解和把握
任务3 了解相关疾病,关注心血管健康	视频展示:静脉曲张的病因。 学生活动:小组讨论说出静脉曲张的原因。 如何避免患上这样的疾病? 学生活动:讨论后说出多种健康生活的习惯和行为	关注血液循环系统疾病,关注人体健康,养成良好的生活习惯
任务4 知识拓展	你手中有大量的纱布、止血带和消毒药水,当遇到伤及不同血管的病人时,你怎样急救? 1.毛细血管出血。 特点:血液呈红色,血量少,一般会由于血液凝固而自然止血。 处理方法:先对伤口消毒,再用消毒纱布包扎。 2.动脉出血。 特点:血液鲜红,血流急,呈喷射状。 处理方法:在受伤处的近心端用手紧压或用止血带捆扎。 3.静脉出血。 特点:血液呈暗红,血流较缓和。 处理方法:将受伤静脉的远心端压住	考查学生对理论知识的掌握

续　表

教学环节	教学活动	设计意图
任务5 动手制作模型,展示成果	学生独自制作血管的模型	利用模型的建构,帮助学生理解血管的结构
回顾情境交流评价	结合单元情境进行交流与评价: 1.血管不一样,分为动脉、静脉和毛细血管; 2.养成良好的生活习惯,不长时间站立或久坐不动	依托情境开展评价活动,提升社会责任感

（五）教学反思

本课时的亮点主要体现在两个方面:一是注重生活实例与生活学知识的有机融合。教学时,教师利用单元情境,激发学生兴趣,让学生积极主动地参与相关内容的讨论中,充分利用实验、视频、图表等教学资源,逐步形成"血液循环中血管"这一概念。二是通过实验探究和模型建构,先让学生直观认识血管的结构,引导在自主探究的基础上归纳形成概念,再强化学生对概念性知识的掌握,使其能够灵活运用生物学知识解决问题。

本课时存在的不足之处:学生动手操作不够熟练,合作意识不够浓厚,归纳总结能力也有待提高。

（六）总体评析

1.本课时充分关注了生物学知识与现实生活的联系,引导学生运用所学知识解决实际生活问题,让学生体验到学习的成就感。

2.改进建议:多增加实验探究性题型,培养学生动手实践能力,同时在课堂小结中,以思维导图的形式,增强学生归纳总结能力,从而加强知识的理解掌握。

三、心脏的结构和功能

(一)概念分析

本课时的概念为"血液循环系统包括心脏、血管和血液"。该概念的建构需要以下基本概念或证据的支持:血液循环系统包括心脏、血管和血液,心脏为血液循环提供动力,心脏主要由肌肉组成。

(二)教学目标

通过观察猪心脏的实验,描述心脏的结构和功能。了解相关疾病,关注心脏健康。

(四)重难点

心脏的结构与功能。观察猪心脏的外部形态和内部结构实验。

(四)教学流程

教学环节	教学活动	设计意图
关联单元情境	某人因工作需要,长期熬夜加班。某日,他在和朋友打羽毛球时突然感到胸闷、胸痛、呼吸困难,急忙前往医院救治。医生让他做了血常规检查,血常规化验单上显示血含量、血脂含量和血细胞含量等异常,并进行了冠状动脉CTA检查,果然检查结果显示冠状动脉狭窄,确诊为冠心病。医生马上予以吸氧、扩冠等对症治疗,以增加冠脉血流,缓解心肌缺血缺氧,同时嘱咐其静卧休息,养成良好生活习惯,若病情进一步恶化,则需要进行手术治疗	通过设置单元情境,保证教学内容的连续性
提出核心问题	1.心脏在血液循环过程中,发挥着什么样的作用? 2.心脏有什么结构使其可以跳动	基于情境引导学生思考问题

教学环节	教学活动	设计意图
任务1 整体感知——心脏的位置和作用	回顾刚才大课间大家跑步之后的感受。 学生活动： 1.组织学生用手感觉心脏的跳动，并说出心脏在人体中的具体位置。 2.体会一下有什么感觉？ 3.质疑：心脏的跳动可以为血液循环提供什么？ 师生总结： 1.心脏位于胸腔中部偏左下方。 2.心脏是血液运输的动力器官。 3.心脏有着怎样的结构使得它可以完成人体内血液输送	利用学生的知识储备，动手活跃课堂气氛，激发学生的学习兴趣，在体验学习和表达交流的基础上，清晰准确地表述心脏的位置
任务2 局部探究——观察心脏结构	学生四人一组，有目的地观察猪心脏模型。 1.先观察心脏的外形。 2.用手捏一捏心房壁与心室壁，比较心房壁与心室壁的厚度。 3.对照教材P61心脏解剖图，进一步观察已解剖好的心脏的内部结构，思考讨论以下问题： 1.心脏壁主要是由什么组织构成的？由此可以推断它具有什么功能？ 2.从心脏壁的厚薄来看，心房与心室有什么不同？左心室与右心室又有什么不同？请试着解释为什么会有这些不同。 3.心脏四个腔之间的关系是怎样的？（引导学生使用玻璃棒试探四个腔以及血管之间的连通情况） 4.心房与心室之间、心室与相连的动脉之间有什么特殊的结构？这些结构有什么作用？ 师生总结	学生通过观察图片，深入思考问题，为接下来学习尿液的形成奠定基础
回顾情境 交流评价	视频展示：心脏病 学生活动：小组讨论说出有哪些治疗心脏病的措施。 过渡：如何避免患上这样的疾病？ 学生活动：讨论后说出多种健康生活的习惯和行为	注意心脏疾健康，养成良好的生活习惯

（五）教学反思

本课时的亮点主要体现在三个方面：

1.注重生活实例与生活学知识的有机融合。教学时,教师利用单元情境,激发学生兴趣,让学生积极主动地参与相关内容的讨论,逐步形成"血液循环系统包括心脏、血管和血液"这一概念。

2.小组探究,明确心脏的结构,突破难点。每4个人为一小组,具体探究猪心脏的结构。学生看到的心脏模式图和实物在结构上有很大的不同,消除了一些同学对教材图像的误解。学生在比较了心室和心房的壁以后,推测出心壁厚薄的意义。

3.借助动画,化解难点。对于血液流向,瓣膜作用这样的困难问题,此时用适当的动画展示,既可以化解难点又避免单纯的说教,在教学工作中会取得事半功倍的效果。

(六)总体评析

1.本课时充分关注了生物学知识与现实生活的联系,引导学生运用所学知识解决实际生活问题,让学生体验到学习的成就感。

2.改进建议:学生参与的深度、有效度有些欠缺,未能进行有效的指导,未能给学生的自主学习提供更多的机会。

四、血液循环的途径

(一)概念分析

本课时的概念为"血液循环包括体循环和肺循环,其功能是运输氧气、二氧化碳、营养物质、代谢废物和激素等"。该概念的建构需要以下基本概念或证据的支持:根据人体血液循环途径的不同,可将血液循环分为体循环和肺循环两部分;在体循环中血液由含氧丰富、颜色鲜红的动脉血,变成了含氧少、颜色暗红的静脉血;在肺循环中血液由含氧较少、颜色暗红的静脉血,变成了含氧丰富、颜色鲜红的动脉血。

（二）教学目标

通过相关资料和活动,描述血液循环的途径。根据血液循环过程中血液成分的变化,理解血液循环的意义。了解相关疾病,关注心脏健康。

（三）重难点

血液循环的途径和血液成分的变化。体循环和肺循环的途径及其相互协同的关系。

（四）教学流程

教学环节	教学活动	设计意图
关联单元情境	某人因工作需要,长期熬夜加班。某日,他在和朋友打羽毛球时突然感到胸闷、胸痛、呼吸困难,急忙前往医院救治。医生让他做了血常规检查,血常规化验单上显示血糖含量、血脂含量和血细胞含量等异常,并进行了冠状动脉CTA检查,果然检查结果显示冠状动脉狭窄,确诊为冠心病。医生马上予以吸氧、扩冠等对症治疗,以增加冠脉血流,缓解心肌缺血缺氧,同时嘱咐其静卧休息,养成良好生活习惯,若病情进一步恶化,则需要进行手术治疗	关联单元情境,明确本课时的教学指向
提出核心问题	1.血液是怎样在心脏和血管里循环流动的? 2.为什么可以通过增加冠脉血流,缓解心肌缺血缺氧	引导学生思考本课时的核心问题

续　表

教学环节	教学活动	设计意图
任务1 说出血液循环的途径	学生活动: 1.收集资料:血液循环的发现过程。 2.播放血液循环的录像片,从整体上初步了解体循环和肺循环的途径以及其中血液成分的变化。 3.结合教材血液循环模式图和教材内容进行小组探究活动。 (1)以"旅游"的方式选择循环路线,进行"旅游"。 (2)设想一个红细胞从左心室出发,经血液循环回到心脏时,它经历了哪些路径? 当它再次从心脏右心室出发,经血液循环重新回到心脏时,它又经历了哪些路径? (3)在上面的两条循环路径中,血液的成分分别发生了什么变化? 这有什么意义? 导游负责本组活动,完成提出的问题。 师生总结: 根据人体血液循环途径的不同,可将血液循环分为体循环和肺循环两部分。体循环和肺循环是同时进行的。 绘制血液循环图	通过资料分析,获取相关信息,培养学生发现问题、解决问题的能力。 发现血液循环的途径,发展学生理解总结能力。 通过"旅游"的方式展示血液循环途径,使知识形象生动的呈现,易于学生理解和识记
任务2 说出血液循环的意义	学生活动:根据血液循环中血液成分的变化,说出血液循环的意义。 师生总结:血液循环的意义是为组织细胞运输氧气和营养物质,运走组织细胞产生的二氧化碳等废物	引导学生分析,血液循环的意义
回顾情境交流评价	冠脉循环: 虽然心脏里充满了血液,但是心肌的血液供应却不能直接依靠心腔中的血液,而是通过冠脉循环。 血液由主动脉基部的冠状动脉及其分支,进入心肌内部的毛细血管网,再由静脉流回右心房的循环。 学生活动:冠脉循环的作用? 引起冠心病和心肌梗塞的病因是什么? 师生总结:冠脉循环为心脏提供营养冠脉循环发生障碍时,心脏缺少营养,容易引起冠心病和心肌梗塞	依托情境开展评价活动,引导学生运用所学知识解释现实生活问题,从而关注人体健康

（五）教学反思

本课时的亮点主要体现在以下两个方面：

（1）注重生活实例与生活学知识的有机融合。教学时，教师利用单元情境，激发学生兴趣，让学生积极主动地参与相关内容的讨论，逐步形成"血液循环包括体循环和肺循环，其功能是运输氧气、二氧化碳、营养物质、代谢废物和激素等物质"这一概念。

（2）采用多种教学手段，通过形象生动的多媒体课件和有趣的课堂"旅游"游戏，学生掌握了血液循环的途径，还极大地锻炼了学生的表达能力，达到较好的教学效果。

（六）总体评析

1.紧密联系生活开展教学活动，体现了生物学教学是概念建构和运用的教学。本课时充分关注生物学知识与现实生活的联系，引导学生运用所学知识解决实际生活问题，让学生体验到学习的成就感。本课时以"血液循环包括体循环和肺循环，其功能是运输氧气、二氧化碳、营养物质、代谢废物和激素等"为重要概念，统领整个单元的教学内容，不仅有效地落实了生命观念，还渗透了关注生理健康的责任意识。教学时，教师运用师生互动、课堂讨论、实例分析等方法，兼顾了知识掌握和能力培养，有利于概念的建构。

2.改进建议：要充分调动学生，及时进行反馈。通过问题引领、师生互动、小组活动、个别提醒的方式，尽可能调动各个层次的学生参与教学双边活动，并及时对教学内容进行诊断性反馈，发现问题及时纠正，面向全体，确保整体教学质量的提高。

五、输血与血型

(一)概念分析

本课时关联的概念为"血液循环系统包括心脏、血管和血液"。该概念的建构需要以下基本概念或证据的支持:体内血量的稳定,对维持人体生命活动的正常进行具有重要意义。

(二)教学目标

通过科学史等资料,认识ABO血型系统的类型。通过血液的凝集反应,理解安全输血的原则。认同无偿献血制度,培养健康成年人应当积极参加无偿献血的意识。

(三)重难点

ABO血型系统的类型以及安全输血的原则。认同无偿献血制度,确立健康成年人应当积极参加无偿献血的意识。

(四)教学流程

教学环节	教学活动	设计意图
关联单元情境	某人因工作需要,长期熬夜加班。某日,他在和朋友打羽毛球时突然感到胸闷、胸痛、呼吸困难,急忙前往医院救治。医生让他做了血常规检查,血常规化验单上显示血糖含量、血脂含量和血细胞含量等异常,并进行了冠状动脉CTA检查,果然检查结果显示冠状动脉狭窄,确诊为冠心病。医生马上予以吸氧、扩冠等对症治疗,以增加冠脉血流,缓解心肌缺血缺氧,同时嘱咐其静卧休息,养成良好生活习惯,若病情进一步恶化,则需要进行手术治疗	关联单元情境,明确本课时的教学指向

教学环节	教学活动	设计意图
提出核心问题	1.冠心病严重时需要进行手术治疗,术前为什么需要检测病人的血型? 2.手术中如果失血过多需要及时输血,安全输血的原则是什么	引导学生思考本课时的核心问题
任务1 了解血量与输血的关系	人体的血液由血浆和血细胞(红细胞、白细胞和血小板)组成,不仅具有运输作用,还具有防御和保护作用。 自主阅读教材P69文字。 学生活动:人在什么情况下需要输血? 人体内的血量共有多少? 人体一次性失血超过多少毫升需要输血? 失血过多会出现什么症状? 师生总结	带着任务阅读教材,培养学生自主学习的能力,认识到手术中可能用到输血的救治手段
任务2 认识血液类型	展示资料:1818年,英国妇产科医生布伦德尔成功地用输血救活了一名产后大出血的产妇,这是人类历史上首次实现成功输血。然而,在大量的输血临床实践中,事故却接连发生:有的病人在接受输血后,会突然出现发冷、发热、头痛、胸闷、呼吸紧迫和心脏衰竭等症状,严重的甚至会死亡。直到ABO血型发现以后,输血成为临床上实际可行的重要措施。 自主阅读教材P69文字。 学生活动: 1.输血不成功的真正原因是什么? 2.常见的ABO血型分为几种? 师生总结: 1.不同血型的红细胞和血清相混而发生凝集反应。 2.A型、B型、O型、AB型。 播放视频"血型的鉴定",教师补充血型鉴定的原理	通过分析资料、自主阅读,培养学生获取信息的能力。 通过视频展示,帮助学生了解血型鉴定的过程和简单的医学常识

续　表

教学环节	教学活动	设计意图
任务3 理解安全 输血原则	自主阅读教材P70文字及表3输血关系表。 学生活动: 1.输血前为什么要先验血? 2.安全输血的原则是什么? 3.什么血型的人可以给其他三种血型的人少量输血?什么血型的人可以少量接受A型或B型血? 师生总结: 1.验血主要为确定血型,防止输血过程中出现凝集反应。 2.安全输血的原则是输同型血。 3.在没有同型血且情况紧急的情况下,O血型的人可以给其他三种血型的人少量输血,AB血型的人可以少量接受A型或B型血	通过对输血关系的梳理,帮助学生在安全输血方面构建一个科学的认知体系。 以生物学原理指导生活,帮助学生形成健康的人生观
任务4 了解 成分输血	展示资料:一般大量失血的病人采用输全血的方式救治。临床上常根据病人病情的需要,有针对性地选用不同的血液成分输入病人体内,这种输血方式为成分输血。 学生活动:有三名病人,都需要通过输血进行治疗,但因为病因不同所需输入的血液成分也不同,第一位严重贫血,第二位大面积烧伤,第三位是出血性疾病患者,他们分别应该输入血液中的哪种成分呢? 师生总结:贫血—输红细胞;烧伤会丧失体内的大量水分—输血浆;出血性疾病—输血小板	以旧知识联系新知识,进行知识延伸,引发学生求知欲,扩大学生知识层面
任务5 认同无偿 献血制度	输血可以救助人的生命,那么输送的血液从何而来? 自主阅读教材P70~71文字。 学生活动: 1.等你长大了,愿意参加无偿献血吗?说明理由。 2.献血会不会影响自身的健康? 师生总结: 学生各抒己见,发表自己对无偿献血的看法,明白适量献血对人体不会有危害,一定程度上还有益处。 大多数学生尚且年幼,不满足献血的条件,讨论目前可以为献血做哪些力所能及的事情	通过对无偿献血相关内容的学习和交流,培养学生珍爱自己和他人生命的情感,树立健康的成年公民应积极参加无偿献血的观念

教学环节	教学活动	设计意图
回顾情境交流评价	结合单元情境中某人因不良生活习惯，导致病情恶化需要手术治疗时，术前要先验血确定血型，才能保证在手术中出现大出血现象时能及时进行安全输血。因此认识到献血对自己和他人生命的重要意义	引导学生运用所学知识解释现实生活现象，从而关注人体健康

（五）教学反思

本课时的亮点：一是注重生活实例与生活学知识的融合应用。教学时，教师利用单元情境，激发学生兴趣，让学生积极主动地参与相关内容的探讨，充分利用资料、视频、图表等教学资源，帮助学生逐步认识输血与血型的关系。二是强化了输血和血型的了解教学，淡化了血型配型的原理教学，符合学生的认知水平和学业要求，强化了学生对无偿献血意义的自我认识，淡化了学生对无偿献血责任的空洞说教，实现对学生情感、态度与价值观的教育。

本课时存在的不足之处：对于血型以及输血关系的内容处理上，未进一步拓展，学生有许多生活中的疑惑之处，如熊猫血、稀有血型等。

（六）总体评析

1. 本课时充分关注了生物学知识与现实生活现象的联系，通过对医院救治手段的了解，引导学生运用生物学原理解释生活现象，帮助学生在安全输血方面构建一个科学的认知体系。

2. 改进建议：本课时中人体血量，以及失血量之间的关系概述都通过数据体现，大多数学生认知不够清晰，若用量筒称量出相应数值的液体，进行数据模型建构，效果会更直观。

第十一章 探寻人体呼吸之谜

第一节 单元教学流程

一、单元教学分析

(一)课标分析

本单元内容主要是《义务教育教科书·生物学七年级下册》(人民教育出版社2012年版)的第三章,包括人体呼吸系统的组成、肺与外界的气体交换、肺泡与血液的气体交换。

通过对"消化和吸收"的学习,学生对"小肠是消化吸收的主要场所"有了一定认识,为本单元生命观念的形成奠定了基础。根据对学生的前期调查发现,大部分学生对呼吸系统有一定的认知,但对组成呼吸系统的器官及肺的结构和功能了解甚少。因此,教师应引导学生从结构与功能观的视角理解"人体主要通过呼吸系统与外界进行气体交换"这一重要概念,从而建立系统的、科学的生命观。

教师创设真实情境,以问题来驱动学生的学习;学生分小组,合作完成任务,建构自身的知识与技能,发展解决问题的能力。在设计单元学习活动时,应根据单元的学习内容、学生的学情等实际情况,选择合适的活动组织形式,通过问题引领与任务驱动,促进学生对核心概念的理解,进而构建大概念。

(二)学情分析

关于呼吸现象,学生虽然比较熟悉,但是很难具体说出呼吸系统的组成和功能。对于人体与外界的气体交换,学生的认识比较肤浅,尤其对引起呼吸运动的呼吸肌的分布和功能缺乏知识基础,理解起来比较困难。此外,七年级学生还缺乏相应的物理、化学知识,对气体交换的原理也难以理解。

二、单元概念解析

本单元在课程标准中由3个次位概念共同聚焦重要概念"5.3 人体主要通过呼吸系统与外界进行气体交换"。其中次位概念5.3.1主要支撑重要概念5.3中的呼吸系统的构成部分;次位概念5.3.2和5.3.3支撑重要概念5.3中的呼吸系统与外界进行气体交换分布。最终,建构出整个重要概念5.3。本单元的概念体系从事实出发构建次位概念、重要概念,如图11-1所示。

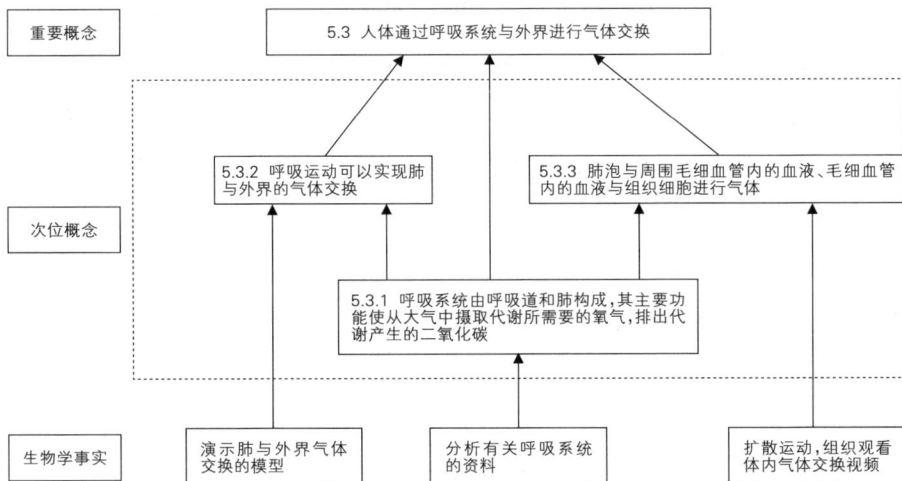

图11-1 单元重要概念的进阶路径

三、单元教学目标

通过自主阅读、观看视频、体验学习等活动,说出呼吸系统的组成包括呼吸道和肺,说出呼吸系统的功能,形成结构与功能相适应的生命观念。通过制作膈与呼吸运动的模型,描述呼吸运动的过程。通过分析痰的形成原理,解释由于呼吸系统异常所引起的症状,如肺炎、气管炎等,关注呼吸系统健康。

四、单元评价目标

在学习呼吸系统的组成后,能运用结构与功能观,尝试说出各结构的功能。在学习呼吸运动后,能运用模型与建模的方法,制作呼吸运动的模型。在学习人体的气体交换后,能运用生命观念科学地解释呼吸对人体的意义。

五、单元教学思路

(一)单元情境

冬天室内门窗紧闭,A同学患感冒,睡觉时因鼻塞不通气而用嘴巴呼吸,胸廓起伏比平时明显。早上醒来觉得嗓子很干,且室内空气浑浊,于是他打开门窗通风换气,觉得空气清新了许多。

(二)核心任务

描述人体呼吸系统的组成及呼吸道各结构的功能,说出肺与外界进行气体交换的过程,概述肺泡与血液进行气体交换的过程。

(三)教学流程

以支撑本单元重要概念所需的次位概念为课时学习主题,课时教学以问题、任务、活动与评价为主线展开。本单元教学流程,如图11-2所示。

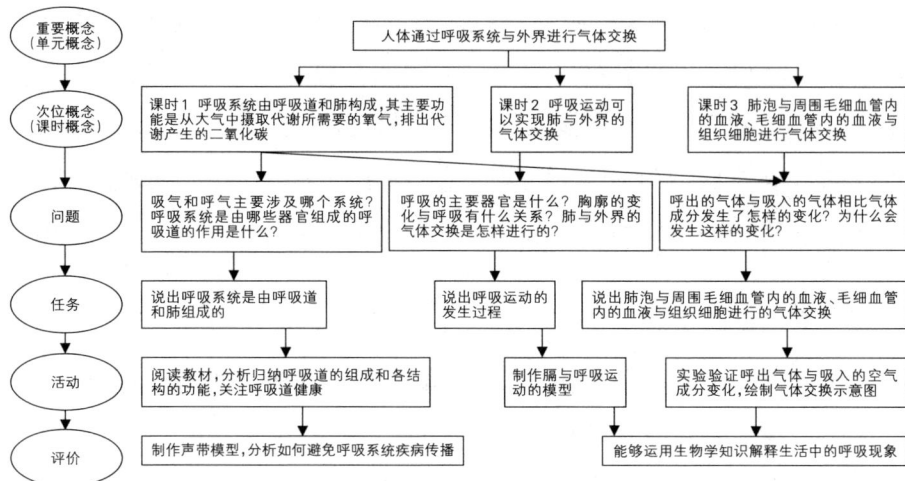

图11-2　单元重要概念教学流程

第二节　教学课时设计

课程内容	课时安排	课型
第一节　呼吸道对空气的处理	1	新授、演示
第二节　发生在肺内的气体交换(肺与外界)	1	新授、演示
第三节　发生在肺内的气体交换(肺泡与血液)	1	新授、演示

一、呼吸道对空气的处理

(一)概念分析

本课时的概念为"呼吸系统由呼吸道和肺构成,其主要功能是从大气中摄取代谢所需要的氧气,排出代谢产生的二氧化碳"。该概念的建构需要以下基本概念或证据的支持:呼吸道的组成及其作用,呼吸道对空气的处理,呼吸道对声带的保护。

(二)教学目标

　　要求能够正确描述人体呼吸系统的组成。能通过分析有关资料,说出呼吸道对空气的处理作用。能认识到呼吸道对空气的处理能力是有限的。

(三)重难点

　　说出呼吸道的组成,是气体进出的通道。认识呼吸道不仅能保证气体顺畅通过,还能对吸入的气体进行处理。

(四)教学流程

教学环节	教学活动	设计意图
创设单元情境	冬天室内门窗紧闭,A同学患感冒,睡觉时因鼻塞不通气而用嘴巴呼吸,胸廓起伏比平时明显。早上醒来觉得嗓子很干,且室内空气浑浊,于是他打开门窗通风换气,觉得空气清新了许多	创设单元情境,统领整个单元教学
提出核心问题	1.吸气和呼气主要涉及哪个系统? 2.呼吸系统是由哪些器官组成的? 3.呼吸道的作用是什么	提炼情境中的学科问题,引导学生思考
任务1说出呼吸系统的组成	吸气呼气主要涉及呼吸系统。 自主阅读教材P41图4-26呼吸系统的组成。 学生活动:完成图的标注。 师生总结:呼吸系统由呼吸道和肺组成,呼吸道由鼻、咽、喉、气管、支气管等结构组成	通过观察、思考,总结呼吸系统的组成

教学环节	教学活动	设计意图
任务2 呼吸道各结构的功能	呼吸道是气体进出肺的通道,呼吸道仅仅是气体的通道吗? 活动1:呼吸道有什么结构保证气体通畅? 展示气管图片。 师生总结:C型软骨使气管和支气管时刻保持通畅。 活动2:呼吸道除保证气体通畅外,还有什么作用? 展示视频,鼻腔、气管对气体的处理作用。 师生总结:呼吸道不仅能保证气体顺畅通过,而且还能对吸入的气体进行处理,使到达肺部的气体变得温暖、湿润、清洁。 活动3:痰是怎么产生的,为什么不能随地吐痰?有了呼吸道对空气的处理,人体就能完全避免空气中有害物质的危害吗? 师生总结:呼吸道对气体的处理能力是有限的,因此,保持环境中的空气新鲜、清洁是非常有必要的	学生通过分析资料,深入思考问题,训练资料分析和提取信息的能力,培养一定的科学思维。 通过学习,体会呼吸道对气体的处理作用,为保护环境、关注呼吸系统的健康提供理论依据,同时也为接下来学习肺部与外界的气体交换奠定基础
任务3 描述会厌软骨与吞咽和呼吸的关系	人们吃进去的食物和吸入的空气都要经过咽。然后,空气通过喉进入气管,而食物进入食道,这是如何实现的呢? 学生活动:观看视频,描述会厌软骨与吞咽和呼吸的关系 师生总结:呼吸时,喉口开放,空气畅通无阻;吞咽时,会厌软骨像盖子一样盖住喉口,以免食物进入气管。因此,为避免食物进入气管,吃饭时不能大声说笑	关注日常生活,关注人体健康,养成良好的生活习惯
任务4 了解声音的发出,制作声带模型,学会保护声带	动动嘴唇,张张口,我们就能说、能笑,这是嘴巴的功劳吗? 学生活动:观看声带图片,尝试说话,体会声带振动;阅读青少年声带养护方法;小组合作,制作声带模型。 师生总结:声音是由喉部的声带发出的。呼吸时,两条声带是分开的,当两条声带拉紧,中间的空隙缩小时,从肺部呼出的气流振动了声带,就发出了声音,因此青少年要格外注意保护声带	采用模型建构,帮助学生理解声带的结构,实现了从抽象到具体的转变

续　表

教学环节	教学活动	设计意图
任务5 完成课后 练习	学生活动:完成课后练习1-5,第4题选做。 教师展示肺炎的症状和传播途径、病菌进入人体路线的视频。 师生总结:呼吸系统的传播途径和预防措施,帮助预防新冠肺炎	梯度任务满足学生的需求,为实际问题提供解决方法

（五）教学反思

本课时的亮点主要体现在两个方面:一是注重生活实例与生活学知识的有机融合。教学时,教师利用单元情境,激发学生兴趣,让学生积极主动地参与相关内容的讨论中,逐步形成"呼吸道不仅能保证气体顺畅通过,还能对吸入的气体进行处理,使到达肺部的气体温暖、湿润、清洁"这一概念。二是问题的设计和模型建构符合学生的认知规律。如在进行"说出呼吸道的功能"教学时,先让学生认识呼吸道的组成器官,再进行资料分析,让学生理解呼吸道对气体的处理作用;又如声带模型的建构活动,强化了学生对概念性知识的掌握,使其能够灵活运用生物学知识解决问题。

本课时存在的不足之处:预设与生成有一定的差距,学生的思维很活跃,但是回答问题的质量还有待于提高。

（六）总体评析

本课时充分关注了生物学知识与现实生活的联系,引导学生运用所学知识解决实际生活问题,让学生体验到学习的成就感。

二、发生在肺内的气体交换(肺与外界)

(一)概念分析

本课时的概念为"呼吸运动可以实现肺与外界的气体交换"。该概念的建构需要以下基本概念或证据的支持:胸廓容积的扩大和缩小与肋间肌和膈有关,胸廓容积的扩大和缩小导致吸气与呼气。

(二)教学目标

要求能够正确说出气体交换的原理。通过测量胸围差,概述肺与外界的气体交换过程。

(三)重难点

说出肺与外界气体交换的过程。通过观察演示实验,培养学生的观察、分析、归纳能力,说出气体交换的原理。

(四)教学流程

教学环节	教学活动	设计意图
关联单元情境	冬天室内门窗紧闭,A同学患感冒,睡觉时因鼻塞不通气而用嘴巴呼吸,胸廓起伏比平时明显。早上醒来觉得嗓子很干,且室内空气浑浊,于是他打开门窗通风换气,觉得空气清新了许多	关联单元情境,衔接教学内容
提出核心问题	1.呼吸的主要器官是什么? 2.胸廓的变化与呼吸有什么关系? 3.肺与外界的气体交换是怎样进行的	创设情境问题,引导学生思考

教学环节	教学活动	设计意图
任务1 认识肺	学生活动: 1.观察新鲜猪肺。 2.展示肺的X光片、肺在胸腔中的照片以及3D视频。 师生总结:肺位于胸腔内,左右各一个,左肺有两叶,右肺有三叶	增强对肺的直观认识,肺部几乎没有肌肉,不能主动扩展或收缩
任务2 认识胸腔 与胸廓	肺位于胸腔内,胸腔与胸廓有什么区别呢? 教师展示教具并解释胸廓是由肋骨、胸骨、脊柱围成的骨性支架,胸廓与下方的膈围成胸腔	明确胸腔与胸廓的关系,为后续了解呼吸运动奠定基础
任务3 感知呼吸 运动	学生将双手放在胸部两侧感受呼吸时胸廓容积的变化,结合胸廓模型回答下列问题: 呼吸时肋骨位置有什么变化?呼吸时胸廓容积有什么变化?肋骨的位置发生变化与什么有关? 师生总结:吸气时肋骨向上向外运动、胸廓容积增大;呼气时肋骨向下向内运动,胸廓容积减小。肋骨的位置变化与肋间肌有关。 图片展示呼气和吸气状态时膈顶部的位置变化。 师生总结:胸廓的体积变化与肋间肌还有膈有关。膈的运动与膈肌状态有关	结合模型的同时用双手感受呼吸运动发生时胸廓的变化,获得直观感受
任务4 制作膈与 呼吸运动 的模型	胸廓的变化与呼吸有什么关系呢?是由于胸廓扩大导致吸气,还是因为吸气后使胸廓扩大?我们可以通过以下模拟实验来探究。 教师展示制作模型所需要的材料,学生制作膈与呼吸运动的模型,思考模型各部分分别模拟的是什么? 用手向下拉和向上推橡皮膜,塑料瓶模拟的胸腔容积有什么变化?气球模拟的肺的体积有什么变化? 师生总结:塑料瓶模拟胸腔、气球模拟肺、Y型管模拟呼吸道、橡皮膜模拟膈;用手向下拉橡皮膜,胸腔体积增大,气球模拟的肺随之扩张,即吸气状态;向上推橡皮膜,胸腔体积减小,气球模拟的肺随之缩小,即呼气状态。 用针筒注射器解释气压问题,气体是由气压较大处流向气压较小处	通过模型将抽象的呼吸运动具象化,有助于学生更好地理解呼吸发生的原理

教学环节	教学活动	设计意图
任务5 描述呼吸运动	通过模型的制作和呼吸运动的模拟,你是否能描述呼吸运动发生的过程? 完成填图,理解呼吸运动	通过表格梳理呼吸发生的过程

（五）教学反思

本课时的亮点主要体现在两个方面:一是注重生活实例与生物学知识的有机融合。教学时,教师利用单元情境,激发学生兴趣,让学生积极主动地参与相关内容的讨论,逐步理解"呼吸运动可以实现肺与外界的气体交换"这一概念。二是模型建构符合学生的认知规律,利用身边常见的材料制作呼吸运动的模型,使得本来难以理解的知识变得更加具象化,更容易理解呼吸运动的发生。

本课时存在的不足之处:气压问题的解释不够简单易懂。

（六）总体评析

1.本课时充分关注了生物学知识与现实生活的联系,引导学生运用所学知识解释生活中的现象,让学生体验到学习的成就感。模型制作促进了学生对呼吸运动的理解,增进学习的乐趣。

2.改进建议:本课时可以让学生自己搜寻实验材料制作,促进思考,增强动手能力。

三、发生在肺内的气体交换(肺泡与血液)

（一）概念分析

本课时的概念为"肺泡与周围毛细血管内的血液、毛细血管内的血液与组织细胞进行气体交换"。该概念的建构需要以下基本概念或证据的支持:肺的结构和功能的基本单位是肺泡;肺泡壁是由单层上皮细胞构成的;呼吸作用的实质是氧化分解有机物,释放能量用于生命活动。

（二）教学目标

要求能够正确概述肺内的气体交换和肺泡与血液的气体交换过程。通过类比小肠结构与功能关系,推测肺泡结构与功能关系。通过吸入和呼出的气体成分的变化,分析呼吸与细胞生命活动的关系。

（三）重难点

正确说出肺泡与血液的气体交换过程。

（四）教学流程

教学环节	教学活动	设计意图
关联单元情境	冬天室内门窗紧闭,A同学患感冒,睡觉时因鼻塞不通气而用嘴巴呼吸,胸廓起伏比平时明显。早上醒来觉得嗓子很干,且室内空气浑浊,于是他打开门窗通风换气,觉得空气清新了许多	关联单元情境,激发兴趣
提出核心问题	1.呼出的气体与新鲜空气相比,气体成分发生了怎样的变化? 2.为什么会发生这样的变化	将情境中隐含的现实生活问题转变成学科问题,引导学生思考

教学环节	教学活动	设计意图
任务1 呼吸前后气体成分的变化	有同学认为呼吸主要是为了排出机体代谢产生的二氧化碳,他的猜想是否正确? 你能设计一个实验验证这一猜想吗? 学生活动:商讨实验装置及方案,确定实验原理是二氧化碳会使澄清石灰水变浑浊。 教师:实验展示。 总结:呼出的气体与吸入的气体相比二氧化碳明显增多。 师生活动:展示大气中气体与呼出气体的成分表,根据表中数据分析呼出的气体成分发生了什么变化。含量增加的气体成分是哪里来的,含量减少的气体成分到哪里去了? 师生总结:与大气中气体成分相比,呼出的气体中氧气减少、二氧化碳增多,水含量增加。氧气通过肺进入人体内,二氧化碳和水是人体内排出的	通过实验直观感受呼出的气体中二氧化碳浓度的增加
任务2 肺有利于气体交换的结构特点	通过数据我们已经知道呼出的气体和吸入的空气有明显的不同:呼出的气体中,氧气的含量减少,二氧化碳的含量增加。这种变化是怎样发生的呢? 肺内发生了气体交换。 学生活动:小肠是吸收的主要场所,根据小肠有利于吸收的结构特点,结合图片思考肺有哪些结构特点有利于进行气体交换? 师生总结:肺泡数量多,增大了气体交换的表面积;肺泡外包绕着丰富的毛细血管,且肺泡壁、毛细血管壁都由一层上皮细胞构成,有利于气体在肺泡和血液之间进行气体交换	了解肺是气体交换的主要器官,与前面所学习的小肠是吸收营养的主要场所类比,推断肺有利于进行气体交换的结构特点
任务3 描述肺泡与血液间气体交换的过程	学生活动:结合动画和图片,描述肺泡与血液的气体交换过程。 师生总结:吸入的气体,顺着支气管在肺里的各级分支,到达支气管最细的分支末端形成的肺泡。肺泡中的氧气透过肺泡壁和毛细血管壁进入血液;同时血液中的二氧化碳也通过这些毛细血管壁和肺泡壁进入肺泡,然后随着呼气的过程排出体外	结合图片描述发生在肺泡内的气体交换,有助于概念的形成

教学环节	教学活动	设计意图
任务4 描述呼吸作用的实质	进入血液中的氧,通过血液循环输送到全身各处的组织细胞里。想一想,氧最后是在细胞中的什么部位被利用的? 师生总结:呼吸作用。 学生活动:根据之前学习的植物的呼吸作用过程,请描述呼吸作用的实质。 师生总结:呼吸作用的实质是氧化分解有机物释放能量用于生命活动,这一过程会产生二氧化碳	深入思考问题,为后面组织细胞处发生的气体交换奠定基础
任务5 描述毛细血管内的血液与组织细胞进行气体交换	结合呼吸作用需要氧气,产生二氧化碳,说明在组织细胞与其周围毛细血管之间同样发生了气体交换。 师生总结:通过血液循环,毛细血管内血液中的氧进入组织细胞,组织细胞呼吸产生的二氧化碳进入血液,经过血液循环到达肺后排出	补充说明组织细胞处发生的气体交换,完善概念的构建
任务6 归纳总结呼吸全过程	结合示意图绘制并描述气体交换过程。 师生总结:外界的空气经过呼吸道的处理进入肺,在肺里与血液进行气体交换,氧气穿过肺泡壁、毛细血管壁扩散进入血液,随着血液循环到达组织细胞周围的毛细血管,在此处穿过毛细血管壁扩散进入组织细胞,组织细胞的呼吸作用产生的二氧化碳扩散进入毛细血管壁,经由血液运输到达肺泡外的毛细血管处,穿过毛细血管壁、肺泡壁,扩散进入肺泡中,再由呼吸运动将气体排出体外	通过示意图描述呼吸的全过程
任务7 扩散	什么是扩散呢? 师生总结:分子由浓度较高的部位向浓度较低的部位运动的现象,例如在水中滴一滴墨水会扩散至整个杯子,或者在教室的一角喷香水,一段时间后教室的另一角落也能闻到香水的气味	通过生活实例,形象地解释扩散现象

(五)教学反思

　　本课时的亮点主要体现在两个方面:一是结合生活中的现象,通过简单的实验验证肺内发生的气体交换,给学生带来直观的感受。二是通过已经学习过的小肠的结构特点进行类比,推断肺所具有的有利于气体交换的结构特点,促进本节知识学习的同时,也加深了对其他概念的理解。

本课时存在的不足之处:学生对血液循环了解不多,可能较难理解组织处的气体交换以及氧气、二氧化碳在体内的运输。

（六）总体评析

1.本课时关注了生物学知识与现实生活的联系,引导学生运用所学知识解释生活中的现象,让学生体验到学习的成就感。

2.改进建议:可以在学完血液循环后再次回顾此部分内容,加深理解。

第十二章　人体内废物的排出

第一节　单元教学流程

一、单元教学分析

(一)课标分析

　　本单元是《义务教育教科书·生物学七年级下册》(人民教育出版社 2012 年版)的第五章,内容主要包括人体产生的废物有哪些排出体外的途径,泌尿系统由哪些结构组成,肾单位的结构与功能,尿液是如何形成和排出的,以及排尿对人体产生怎样的影响。

(二)学情分析

　　通过对"人体的营养"和"人体内物质的运输"这两章节内容的学习,学生对人体内废物的产生与排出方式有初步的认识,为本单元生命观念的形成奠定了基础。由于生殖系统与泌尿系统有一定的关联,大部分学生对泌尿系统有初步的认知,如肾和生活中看到过某个动物的肾脏,但他们对泌尿系统的各个器官的功能以及肾的结构和功能的基本单位了解甚少。因此,在教学中教师要引导学生从结构与功能观的视角出发帮助学生形成"人体主要通过泌尿系统排出代谢废物和多余的水"这一重要概念,从而建立系统的、科学的生命观。

二、单元概念解析

本单元在课程标准中由3个次位概念共同聚焦重要概念"5.4人体主要通过泌尿系统排出代谢废物和多余的水"。次位概念5.4.1建构泌尿系统的组成;次位概念5.4.2和5.4.3建构泌尿系统排出代谢废物和水,最终完成对本单元重要概念的建构。本单元的概念体系从事实出发构建次位概念、重要概念,如图12-1所示。

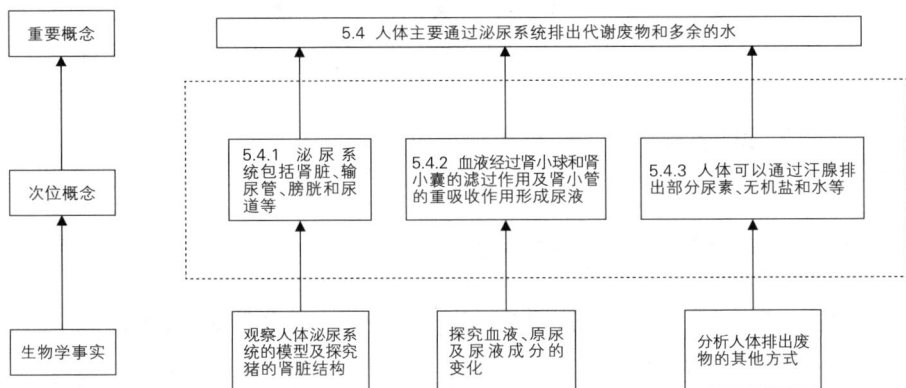

图12-1 单元重要概念的进阶路径

三、单元教学目标

能够通过自主阅读、观看视频、体验学习等活动,正确区分排泄与排遗并能说出泌尿系统的组成,能概述泌尿系统的功能,从而形成结构与功能相适应的生命观念。

四、单元评价目标

能在学习泌尿系统的组成后,运用结构与功能观,尝试说出各组成部分的功能。在学习肾单位后,能运用模型与建模的方法,尝试自己动手制作肾单位的模型。

五、单元教学思路

(一)单元情境

某人A因工作需要,长期熬夜加班。一段时间后,身体疲惫无力,就连产生的尿液颜色也明显变暗,并时常伴有腰痛,他急忙前往医院救治。医生让他做了尿常规检查,尿常规化验单上显示"红细胞、尿蛋白、葡萄糖"等数据异常。

(二)核心任务

了解泌尿系统的组成、肾单位的结构,分析尿液的形成和排出过程。

(三)教学流程

以支撑本单元重要概念所需的次位概念为课时学习主题,课时教学以问题、任务、活动与评价为主线展开。本单元教学流程,如图12-2所示。

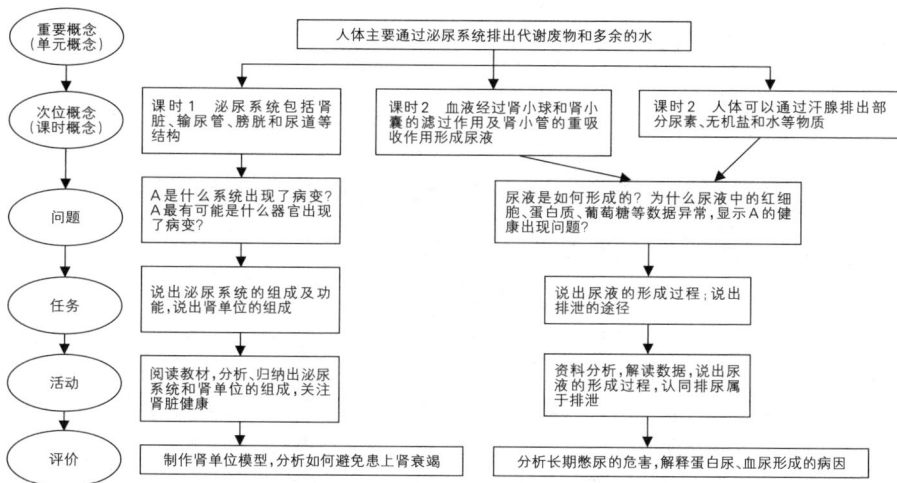

图12-2　单元重要概念教学流程

第二节　教学课时设计

课程内容	课时安排	课型
第一节　人体泌尿系统的组成	1	新授、实验
第二节　人体内废物的排出	1	新授

一、人体内泌尿系统的组成

(一)概念分析

本课时概念的建构需要以下基本概念或证据的支持：泌尿系统的组成包括肾脏、输尿管、膀胱和尿道，肾的结构和功能单位是肾单位。

(二)教学目标

能够详细说出泌尿系统组成及各部分的功能。通过自主阅读与思考讨论，明确肾单位组成。通过对肾单位的学习，初步了解动脉血、静脉血、尿液三者之间的关系。

(三)重难点

泌尿系统的组成及其各部分的功能。详细了解肾脏和与肾脏有关的疾病，明确血液与尿液之间存在一定的关系。

(四)教学流程

教学环节	教学活动	设计意图
创设单元情境	某人A长期熬夜加班。医生让他做了尿常规检查，尿常规化验单上显示"红细胞、尿蛋白、葡萄糖"等数据异常	创设情境

续　表

教学环节	教学活动	设计意图
提出核心问题	某人A是什么系统、是什么器官出现了病变？	引导学生思考
任务1 说出泌尿系统的组成	人体内的代谢活动会产生多种废物,而人体排出废物最多的方式是排尿。 教师让学生自主阅读教材P73的图4-43,思考问题。 1.请说出泌尿系统的组成并尝试推测各器官的功能。 2.注意观察肾动脉、肾静脉以及肾的颜色,思考肾脏里血管的分布状况是怎样的？ 血液又是怎样进出肾脏的？ 3.你认为尿液的形成与血液循环有没有关系？ 4.猜想:动脉血、静脉血、尿液,三者有什么关系？ 学生观看图片并讨论。 师生总结: 1.泌尿系统包括肾脏、输尿管、膀胱和尿道。肾脏:形成尿液;输尿管:输送尿液;膀胱:暂时储存尿液;尿道:排出尿液。 2.肾脏里可能分布有毛细血管。血液由肾动脉进入肾脏,由肾静脉流出肾脏。 3.动脉血进入肾脏后,形成尿液,剩余部分以静脉血形式流出肾脏	通过观察、分析、比较,引导学生发现血液与尿液间的关系。 多媒体直观展示让学生在脑中形成相关概念,培养学生归纳总结能力
任务2 认识肾单位	自主阅读教材P73的图4-44,思考问题: 1.说出肾单位的组成。 2.肾小球实质是什么球？ 肾小球两边与什么血管相连？他们的管径有什么不同？ 流经的血液的量可能有什么不同？ 师生总结: 1.肾单位包括肾小球、肾小囊和肾小管。 2.肾小球实质是毛细血管球,分别与入球小动脉和出球小动脉相连,入球小动脉的管径大于出球小动脉。无论是入球小动脉还是出球小动脉,里面流的都是动脉血。出球小动脉的血量可能少于入球小动脉	学生通过观察图片,思考问题,为学习尿液的形成奠定基础。 培养学生归纳总结能力

教学环节	教学活动	设计意图
任务3 了解肾脏相关的疾病并关注肾脏健康	视频展示:肾衰竭的病因。 分组讨论:有哪些治疗肾衰竭的措施。如何避免患上这样的疾病? 师生总结:讨论后说出多种健康生活的习惯和行为	关注人体健康,养成良好的生活习惯
任务4 动手制作模型,展示成果	请你为像A一样忽视肾健康的人制作(绘制)肾单位的生物模型,并对结构进行标识。 学生动手制作模型并标注名称,教师巡视指出不足并选出优秀作品	采用模型建构的方法,实现了从抽象到具体的转变
回顾情境交流评价	结合单元情境中A生病的主要原因进行交流与评价:肾脏发生了病变,导致代谢废物不能正常排出。养成良好的生活习惯,不经常熬夜	关注泌尿系统疾病,提升学生的社会责任感

(五)教学反思

本课时的亮点主要体现在两个方面:一是注重生活实例与所学知识有机融合。教师在教学中利用单元情境,激发学生兴趣,让学生主动地参与相关内容的讨论,逐步理解"泌尿系统包括肾脏、输尿管、膀胱和尿道等结构"这一概念。二是问题的设计和模型建构符合学生的认知规律。如在进行"说出泌尿系统的组成"教学时,先让学生认识泌尿系统的组成器官,再联系之前学习的循环系统,让学生理解尿液和血液间的关系。

本课时存在的不足之处:预设与生成有一定的差距,学生的思维很活跃,但是回答问题的质量还有待于提高。

（六）总体评析

1.本课时充分关注了生物学知识与现实生活的联系,引导学生运用所学知识解决实际生活问题,让学生体验到学习的成就感。

2.改进建议:大量的生物学名词,学生掌握起来有一定的难度,在最后的课堂小结时,教师可以用概念图的形式引导学生填空,加深对新名词的记忆。

二、人体内废物的排出

（一）概念分析

本课时的概念为"血液经过肾小球和肾小囊的滤过作用及肾小管的重吸收作用形成尿液""人体可以通过汗腺排出部分尿素、无机盐和水等"。该概念的建构需要以下基本概念或证据的支持:尿液的形成包括肾小球和肾小囊的滤过作用及肾小管的重吸收作用;排泄是指人体将二氧化碳、尿素,以及多余的水和无机盐等排出体外的过程。

（二）教学目标

能够通过资料分析与数据解读明确肾小球和肾小囊的滤过作用和肾小管的重吸收作用。通过观看视频知道尿液的形成与排出过程。通过对血液流过肾脏时血液成分的变化分析,尝试描述肾单位与功能相适应的结构特点。

（三）重难点

掌握肾小球和肾小囊壁的滤过作用,肾小管的重吸收作用。说出尿液的形成过程与排尿对人体产生的重要作用。

（四）教学流程

教学环节	教学活动	设计意图
关联单元情境	某人 A 长期熬夜加班。一段时间后,产生的尿液颜色明显变暗,并伴有腰痛,他前往医院救治。医生让他做了尿常规化验单上显示"红细胞、尿蛋白、葡萄糖"等数据异常	关联单元情境,明确教学指向
提出核心问题	1.尿液是如何形成的？ 2.为什么尿液中的红细胞、蛋白质、葡萄糖等数据异常,显示 A 的健康出现问题	引导学生思考核心问题
任务1 资料分析,解读数据	教师:让学生阅读教材P74的资料分析并展示资料分析内容。 1.比较尿液和血浆的成分有什么不同？ 你认为排尿主要排出哪些物质？ 2.血浆和肾小囊中液体成分的变化,说明肾小球和肾小囊壁的滤过作用有什么特点？ 3.在肾小囊中出现葡萄糖而在尿液中并没有,这说明肾小管有什么作用？ 师生总结: 1.尿液中没有蛋白质和葡萄糖,排尿主要排出水、无机盐和尿素。 2.肾小球和肾小囊壁可以透过小分子的物质,很少透过蛋白质这样的大分子物质。 3.肾小管可以重新吸收肾小囊中的全部葡萄糖	通过资料分析,培养学生发现问题,解决问题的能力

教学环节	教学活动	设计意图
任务2 尿液 的形成	教师活动:出示尿的形成过程示意图如教材图4-45,用筛子筛谷粒类比过滤,并用视频展示过滤和重吸收过程。 1.在过滤形成原尿过程中,血浆中哪些成分不能被过滤到肾小囊中。 2.在重吸收过程中,哪些成分被重吸收回了血液中? 3.肾脏如何将尿素、多余的水和无机盐等废物从血液中分离出来的? 4.描述尿液的形成过程。 5.血液流经肾脏后,血液成分发生了哪些变化? 6.尝试描述肾单位与功能相适应的结构特点。 师生总结	通过一系列的问题,引导学生分析、思考并说出尿液的形成过程,最终形成结构与功能相适应的生命观念
任务3 排尿 的意义	教师活动:根据对以上知识的分析和自己的理解,让学生尝试说出排尿的意义。 学生试图说出排尿的意义。 师生总结:人体排尿的意义在于:排出代谢废物,调节水和无机盐的平衡,维持组织细胞的正常生理功能。 人体排尿,是排出体内废物的一种方式,废物要尽快排出,因此不能长时间憋尿	引导学生分析,关注泌尿健康
任务4 排泄	教师活动:那么除了排尿,人体还可以通过哪些方式排出代谢废物呢? 出示教材图4-46汗腺结构示意图。 1.什么是排泄? 2.人体有哪些排泄途径? 分别通过什么形式排出? 分别排出哪些废物? 师生总结	引导学生翻看教材P72,了解排泄的概念,联系生活实际,猜想其他的排泄方式

续　表

教学环节	教学活动	设计意图
回顾情境交流评价	结合A生病的主要原因进行交流与评价： 1.如果尿液中出现了血细胞，俗称血尿，可能是哪里发生了病变？ 2.如果尿液中出现了葡萄糖，俗称糖尿，可能是哪里发生了病变	依托单元情境开展评价活动，引导关注人体健康

（五）教学反思

本课时的亮点主要体现在两个方面：一是注重生活实例与所学知识有机融合。教学时，教师利用单元情境，激发学生兴趣，让学生积极地参与相关内容的讨论，逐步形成"血液经过肾小球和肾小囊的滤过作用及肾小管的重吸收作用形成尿液"这一概念。二是问题的设计符合学生的认知规律。如在进行"说出尿液的形成"教学时，先让学生分析资料，通过比较、分析，发现问题，通过问题串，逐步解决问题，最终说出尿液的形成过程。

本课时存在的不足之处：在组织学生合作交流、时间安排、教学节奏方面有待进一步提高。

（六）总体评析

1.本课时关注了生物学知识与现实生活的联系，引导学生运用所学知识解决生活问题，让学生体验到学习的成就感。

2.本课时以"人体主要通过泌尿系统排出代谢废物和多余的水"为重要概念，统领整个单元的教学内容，不仅有效地落实了生命观念，还渗透了关注生理健康的责任意识。教学时，教师运用师生互动、课堂讨论、实例分析等方法，兼顾了知识掌握和能力培养，有利于概念的建构。

3.改进建议:要充分调动学生,及时进行反馈。通过问题引领、师生互动、小组活动、个别提醒的方式,调动各个层次的学生参与教学双边活动,并及时对教学内容进行诊断性反馈,发现问题及时纠正,面向全体,确保整体教学质量的提高。

第十三章 人体调节的"工程师"

第一节 单元教学流程

一、单元教学分析

(一)课标分析

在义务教育阶段的生物学课程中,本单元教学主题"人体生命活动的调节",属于学习主题五"人体生理与健康"。人体是一个有机统一整体,各系统协调统一,共同完成复杂的生命活动。其中,神经系统和内分泌系统调节人体的生长、发育、生殖等生命活动,适应内外环境的变化。因此,将"人体生命活动的调节"划分为一个教学单元。

本单元的学习内容主要包括神经系统的组成、神经调节的基本方式、人体对外界环境的感知、激素调节、青春期发育、运动的产生等。这些内容之间具有缜密的内在逻辑关系。其中,人体的眼、耳等各种器官能对外界产生感知,而神经系统通过反射的方式对外界或内部的刺激给予有规律的反应,故神经调节主要通过感觉器官和神经系统来完成;激素调节通过内分泌系统分泌激素,进入血液循环作用于细胞,进而调节人体的生命活动,如青春期的发育等,故人体生命活动在受到神经系统调节的同时,也受到激素调节的影响,从而更好地适应周围环境的变化;运动的产生不仅依赖运动系统,也和神经系统等其他人体系统密切相关,故人体是一个有机统一的整体。

（二）学情分析

通过前面章节的学习,学生对人体各系统的结构和功能有了科学的认识,但对各系统间的相互联系还缺乏关注,因此需要引导学生从生命系统的整体观看待各项生命活动。在此过程中,学生对起调控作用的神经系统和内分泌系统有着浓烈的探究兴趣,但生命活动的发生机制又是十分抽象的内容,故教师要引入贴合学生经验的情境,通过分析身边的生命活动,尝试建构相关调节过程的模型,明确人体稳态的重要意义,建立科学、系统的生命观。

二、单元概念解析

本单元在课程标准中由8个次位概念共同聚焦重要概念"5.5人体各系统在神经系统和内分泌系统的调节下,相互联系和协调,共同完成各项生命活动,以适应机体内外环境的变化"。重要概念5.5的核心是神经系统和内分泌系统对各个系统的调节作用,因此神经调节和激素调节是教学的重点。其中,次位概念5.5.1的内容是神经系统的组成,是理解次位概念5.5.2、5.5.3和5.5.4的基础,并对这几条次位概念的形成起支撑作用。获取外界信息并作出反应是反射过程中的不同阶段,而认识人体内分泌系统产生的多种激素和调节作用,为构建5.5.5和5.5.6这两条平行的次位概念提供了生物学事实。学生了解性激素的功能后才能理解青春期的生理变化,构建次位概念5.5.7,进而理解次位概念5.5.8,最终完成对本单元重要概念的建构。本单元的概念体系从事实出发构建次位概念、重要概念,如图13-1所示。

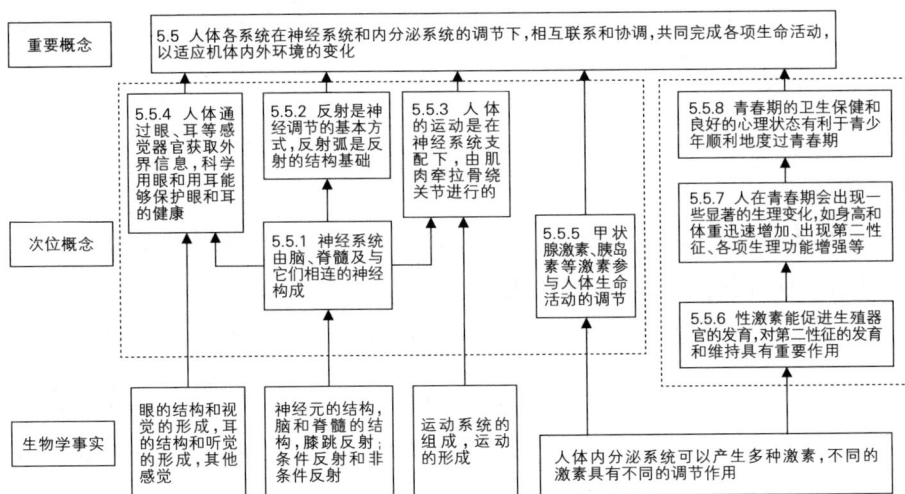

图 13-1　单元重要概念的进阶路径

三、单元教学目标

概述人体神经系统的组成,描述反射弧的结构,认同反射活动的重要性,初步形成结构与功能观。描述眼和耳的结构和功能,阐明视觉和听觉的形成过程;学会科学用眼和用耳,保护眼和耳的健康。描述人体主要的内分泌腺及其功能,分析常见的激素分泌异常的病症。说出性激素对第二性征的影响,正确认识青春期生理和心理发生的变化,养成良好的卫生习惯,健康地度过青春期。结合具体实例,分析人体的神经系统和内分泌系统对机体内外环境变化所作出的反应,阐明其重要意义。运用结构与功能相适应的观念,分析由于机体的神经系统或内分泌系统受损可能导致的功能障碍或异常行为,提出相应的预防措施。能够设计简单的实验,探究有关人体生理与健康的问题,如建构反射弧模型、制作可调节的眼球模型。描述人体运动系统的结构和功能,分析运动产生的原理,认同生物体是一个有机统一整体。

四、单元评价目标

能运用结构和功能观,分析神经系统在生命活动中的调控作用。能建构反射弧的结构模型,说明反射活动的重要性。能运用结构和功能观、稳态观,描述人体运动产生的过程。能描述眼和耳的结构和功能,养成科学用眼和用耳的习惯。能分析常见的激素分泌异常引发的病症。能描述性激素对第二性征的影响,形成良好的卫生习惯。

五、单元教学思路

(一)单元情境

视频里正在播放女篮进入世界杯决赛的精彩瞬间:伴随裁判员的哨声响起,篮球被抛向空中,双方队员腾空跃起争抢篮球。女篮运动员武桐桐在球场上受伤,医生在诊断时,会敲打受伤膝盖下方。在这个过程中,运动员的哪些感觉器官参与其中? 这些感觉又是如何形成的呢?

(二)核心任务

掌握神经系统的结构组成,认识到生命的复杂性和特殊性;了解人体通过眼、耳对外界环境进行感知,掌握视觉和听觉的形成过程;能运用结构和功能观、稳态观,描述人体运动产生的过程。能够分析激素对全身的调节作用,了解常见的激素分泌异常引发的病症。将青春期生理和心理的变化与各系统的发育联系起来,知道人体各系统在神经系统和内分泌系统的调节下,相互联系和协调,共同完成各项生命活动,以适应机体内外环境的变化。

(三)教学流程

为支撑本单元重要概念所需的次位概念为课时学习主题,课时教学以问题、任务、活动与评价为主线展开。本单元教学流程,如图13-2所示。

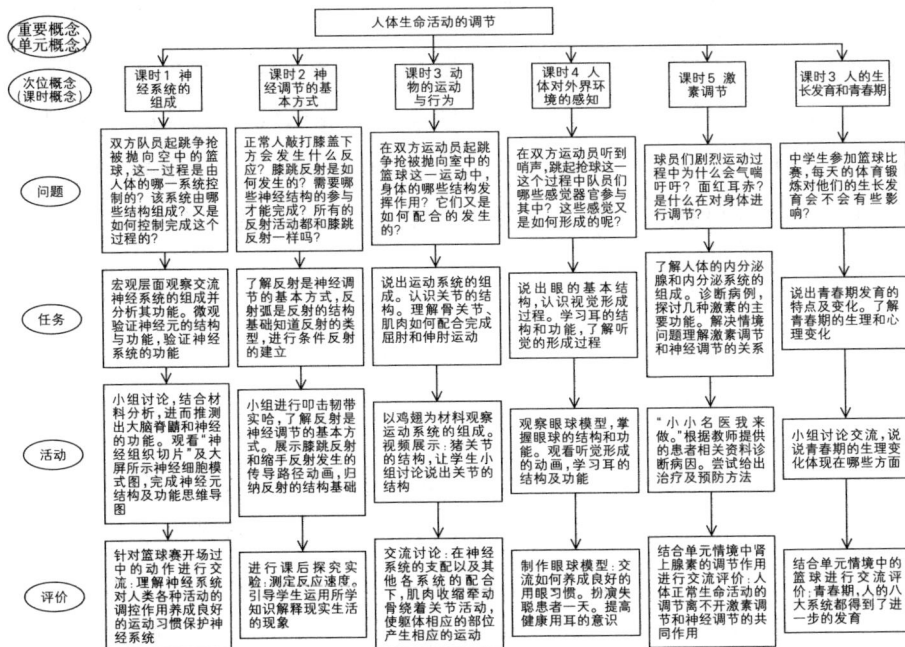

图13-2 单元重要概念教学流程

第二节 课时教学设计

课程内容	课时安排	课型
第一节 神经系统的组成	1	新授
第二节 神经调节的基本方式	1	新授
第三节 动物的运动	1	新授
第四节 眼和视觉	1	新授
第五节 耳和听觉	1	新授
第六节 激素调节	1	新授
第七节 人的生长发育和青春期	1	新授

一、神经系统的组成

（一）概念分析

本课时的概念为"神经系统由脑、脊髓及与它们相连的神经构成"。这一概念是形成大概念"人体各系统在神经系统和内分泌系统的调节下，相互联系和协调，共同完成各项生命活动，以适应机体内外环境的变化"的基础。只有认识了神经系统的组成，才能在此基础上理解下一节内容神经系统调控生命活动的基本方式，进而认同各项生命活动都是在神经系统的调控下进行的，以帮助机体适应环境，帮助学生形成相应的稳态与调节观。本节的学习也为高中进一步学习神经调节的过程及信息转换和传递方式打下基础。

（二）教学目标

通过观察神经系统结构模式图，描述神经系统的结构和功能。通过对发生在生活中的实际案例进行分析，描述脊髓和脑的基本结构和功能，锻炼学生的观察能力和提出问题的能力，提高学生科学探究的能力和意愿。通过微观观察和实物类比，理解神经元和神经的结构，促进结构与功能观的形成，锻炼学生的分析和知识整合能力。

（三）重难点

神经系统的组成和功能。神经元的结构、功能和分布。脊髓和脑的基本结构与功能。

（四）教学流程

教学环节	教学活动	设计意图
创设单元情境	播放视频:女篮进入世界杯决赛的精彩瞬间	创设单元情境,激发学生的学习欲望
提出核心问题	1.伴随裁判员哨声响起,双方队员起跳争抢被抛向空中的篮球,这一过程是由人体的哪一系统控制的? 2.该系统由哪些结构组成? 又是如何控制完成这个过程的	将学生注意力集中到对神经系统的思考和探究上
任务1 神经系统的组成其功能	学生活动:结合大屏图片观察教材图4-53,思考以下问题: 1.神经系统由哪几部分组成? 2.尝试描述各组成部分所在位置。 学生上台完成连线活动。 学生活动:宏观分析推理,分析以下资料,小组讨论并完成表格 资料1:一位中学生在体育课跑步时不慎摔倒,撞击到头部。被人扶起后,感到双腿乏力,无法行走。送医检查,发现下肢无任何损伤;头颅CT显示有脑出血压迫到脑组织。 资料2:一位运动员在跳马比赛中,不幸摔伤腰部,腰部脊髓因此受到了严重损害。尽管及时进行了治疗,并且该运动员的下肢没有任何损伤,但仍形成了截瘫,下肢丧失运动功能,大小便失禁。 资料3:一位小伙子在劳动中不慎将腰部扭伤,致使由腰部脊髓通向右下肢的神经——右侧坐骨神经受到了压迫。这位小伙子的右下肢没有任何损伤,却出现了麻木和疼痛等症状。 教师可适当引导学生分析三则资料有何共同点。 学生分小组讨论填表,进而推测出大脑、脊髓和神经的功能	本部分内容较简单,可由学生独立学习思考完成。 连线活动既能检查学生自学的薄弱环节,又能活跃课堂气氛。 通过对发生在生活中的实际案例进行分析,锻炼学生的观察能力和提出问题的能力,提高学生科学探究的能力和意愿

续　表

教学环节	教学活动	设计意图
任务2 神经元的 结构与功 能	学生活动:微观观察验证,观察图4-54"神经组织切片"及大屏所示神经细胞模式图,自学教材P89第二段及小资料部分 1.结合前面所学知识,说出神经系统结构和功能的基本单位 2.完成神经元结构及功能思维导图。 3.分析多个神经元间是如何传递信息的? 传递方向有何特点? 将学生学习结果拍照上传便于展示,教师适时补充有关神经元结构的图片及信息传递动态图片。 教师活动:进行实物类比,出示配电网手绘图及电缆结构图,神经细胞间传递信息就类似于配电网传输电力。 1.每一个配电站相当于神经细胞的什么结构? 穿梭于其间的电线相当于什么结构? 如果把神经类成电缆的话,电缆的各部分相当于神经的哪一部分? 师生总结:对比神经细胞和人体其他各种细胞图,分析神经细胞与人体其他细胞有何区别? 哪些结构特点有利于其行使相应功能? 整个神经系统是由一个个的神经细胞组成的,请大家结合神经元的结构及前述资料,分析大脑和脊髓中存在神经元的哪一部分结构集中的区域呢	实物类比增加直观性,便于学生理解神经元和神经的结构,突破难点。 引导思考,促进结构与功能观的形成,同时锻炼学生的分析和知识整合能力
任务3 神经系统 的功能	观察脑的冠状切面和脊髓的横切面,教师分别介绍大脑和脊髓的两个组成部分,验证学生推测的合理性。 资料一:控制人排尿的低级神经中枢在脊髓,但是在上课时,大家却能将尿憋住。 资料二:把狗的小脑切除,狗的行动就不协调了。走路时,姿势失调,行动笨拙;进食时,嘴老是在食物旁边碰来碰去,经过多次失败才能吃到食物。 资料三:狗的脑干损坏,心跳和呼吸停止,狗立即死亡。 以上三则资料分别说明了什么? 请总结神经系统的功能	通过问题引导和切片观察,将微观结构和宏观结构进行联系,进而通过一系列生活事例认识并理解神经系统各结构间的联系和功能
回顾情境 交流评价	结合单元情境中篮球赛开场的过程进行交流和评价: 1.日常生活中主要是神经系统在调控着人类的各种活动。神经系统各结构紧密相连、分工明确,才使得人体的各种生命活动得以有序进行。 2.养成良好的运动习惯,注意对神经系统的保护	培养学生归纳总结能力,用知识指导生活的意识

（五）教学反思

本课时的亮点主要体现在两个方面：一是整节课贯穿了科学探究的思想，在上课过程中锻炼了学生的科学探究能力，真正做到流水无痕，潜移默化地提升学生的科学思维能力。二是通过活动设计和问题衔接，学生从宏观和微观两个层面认识神经系统的组成和功能，打破了宏观结构和微观结构的壁垒，使学生从本质上理解神经系统结构和功能关系。

本课时存在的不足之处：本课时涉及的概念和活动设计较多，需合理引导，把控时间。

（六）总体评析

本课时教学设计按宏观—微观—宏观的顺序，通过设置一系列的活动和问题引导，逐步揭示神经系统的组成和功能。先通过观察认识神经系统的组成，再通过对实际案例进行分析，从宏观角度锻炼学生的观察能力、提出问题的能力及科学思考的思维能力。通过对神经组织切片进行观察分析，认识神经系统的基本组成单位——神经元的结构和功能，再引导思考脑和脊髓中神经元的分布情况问题，进而观察脑的冠状切面和脊髓的横切面来验证，从微观又回到宏观，既为验证自己的假设找到证据，又加强了神经系统组成微观层面和宏观层面间的联系，使学生从本质上理解神经系统各部分的功能，最后辅以相应实例进行归纳说明。

神经元的结构和功能涉及名词众多，微观结构又比较抽象，是本课时的重难点，通过完善神经元思维导图及类比的手法，此教学设计各结构更加的形象直观，便于学生理清各结构间的关系，从而有效地突破了此重难点。

此教学设计始终贯穿科学探究的思想，带领学生沿着科学探究的脉络去发现问题,寻找证据解决问题,既培养了学生的科学探究能力,也锻炼了学生观察、分析、对比、总结归纳等科学思维能力。在有一定科学依据的基础之上,促使学生形成结构与功能观、稳态与调节观等生命观念,并能尝试用这些能力和观念去解决生活中遇到的实际问题,使学生的能力和生物学观念得到发展。

二、神经调节的基本方式

(一)概念分析

本课时的概念为"反射是神经调节的基本方式""反射弧是反射的结构基础"。该概念的建构需要以下基本概念或证据的支持:人体(或动物)通过神经系统,对外界或内部的各种刺激所发生的有规律的反应,就叫反射;发生反射活动所需要的五个部分分别为感受器、传入神经、神经中枢、传出神经和效应器。反射根据是生来就有的,还是后天学习获得的,分为非条件反射和条件反射两类。

(二)教学目标

通过膝跳反射实验,联系自己的真实感受细心观察,分析归纳,说出反射是神经调节的基本方式,提升科学思维。通过动画过程和膝跳反射实验的切身体会,说出发生膝跳反射和缩手反射所需要的结构基础,即反射弧的组成部分,初步形成结构与功能相适应的生命观念。通过设置问题串,在小组讨论交流中思考分析,说出反射的类型及其特征,培养合作意识和严谨求实的科学态度。通过巴甫洛夫的实验,阐明条件反射的建立过程,认同学习复习的重要性。

(三)重难点

概述反射的类型及其特征。举例说出条件反射的建立过程。

（四）教学流程

教学环节	教学活动	设计意图
关联单元情境	播放视频：女篮运动员武桐桐在球场上受伤,医生在诊断时,会敲打受伤膝盖下方	关联单元情境,明确本课时的教学指向
提出核心问题	教师提问正常人敲打膝盖下方会发生什么反应? 膝跳反射是如何发生的? 需要哪些神经结构的参与才能完成? 所有的反射活动都和膝跳反射一样吗	引导学生思考本课时的核心问题
任务1 反射是神经调节的基本方式	学生活动： 1.分组实验,两人一组,其中一人作为受试者坐在椅子上,目视前方,一条腿自然放松地搭在另一条腿上,另一人作为测试者,用手掌内侧边缘迅速叩击受试者上面那条腿膝盖下方的韧带,观察上面哪条腿的反应。 2.观察所有同学的反应都一样吗? 3.想一想,这个反应需要神经系统的参与吗? 师生总结	通过膝跳反射实验,联系自己的真实感受细心观察,从事实层面到概念层面的分析归纳,提升科学思维
任务2 反射弧是反射的结构基础	教师活动：出示膝跳反射和缩手反射发生的传导路径动画 学生活动： 1.膝跳反射和缩手反射是如何发生的? 2.需要哪些神经结构的参与才能完成? 师生总结	通过动画,引导学生分析、思考,说出发生膝跳反射和缩手反射所需要的结构基础,形成结构与功能相适应的生命观念
任务3 反射的类型	学生活动：小组讨论 1.膝跳反射是先天就有,还是后天学习建立的? 2.膝跳反射的神经中枢在哪里? 有没有大脑的参与? 3.所有的反射和膝跳反射都一样吗? 师生总结	在小组讨论交流中,引导学生思考分析,培养合作意识和严谨求实的科学态度

教学环节	教学活动	设计意图
任务4 条件反射 的建立	教师提问:那么条件反射是如何形成的呢?呈现相关资料和巴甫洛夫经典反射实验。 学生活动:观看视频"农夫和熊"了解条件反射建立过程。 教师总结:人类条件反射的建立要比其他动物复杂得多,但基本过程差不多。更重要的是,人类还能对抽象的语言、文字等信息发生反应,从而建立起特有的条件反射。 学生思考:人类的学习过程就是这种特有的条件反射建立的过程。为什么学习的知识或技能会遗忘呢? 师生总结:条件反射建立后,如果反复单独使用条件刺激,使其得不到非条件刺激的强化,这一条件反射就会消退	通过巴甫洛夫的实验,阐明条件反射是如何建立的,理解条件反射是在非条件反射的基础上建立的,需要大脑的参与。 通过对"条件反射是暂时的,是可消退的"的掌握,认同学习复习的重要性
回顾情境 评价交流	测定反应速度	培养学生实验探究能力,引导学生运用所学知识解释现实生活现象

(五)教学反思

本课时的亮点主要体现在两个方面:一是注重生活实例与生物学知识的有机融合。教学时,教师利用单元情境,激发学生兴趣,让学生积极主动地参与相关内容的讨论,逐步理解"反射是指人体或动物通过神经系统对外界或内部的各种刺激所发生的有规律的反应"这一概念。二是问题的设计符合学生的认知规律。如在进行"膝跳反射和缩手反射是如何发生的?"教学时,先让学生分析资料,通过比较、讨论、分析,最终总结出反射的结构基础。

本课时存在的不足之处:教师在组织学生合作交流方面,时间安排要合理,把握教学节奏方面有待进一步提高。

（六）总体评析

1.本课时充分关注了生物学知识与现实生活的联系,引导学生运用所学知识解释生活现象,让学生体验到学习的成就感。

2.本课时体现了生物学教学是概念建构和运用的教学。本课时以"反射是神经调节的基本方式"为重要概念,统领整个单元的教学内容,不仅有效地落实了生命观念,还渗透了对孩子合作意识和严谨求实的科学态度的培养。教学时,教师运用师生互动、课堂讨论、实验探究等方法,兼顾了知识掌握和能力培养,有利于概念的建构。

3.改进建议:要充分调动学生,及时进行反馈。通过问题引领、师生互动、小组活动、个别提醒的方式,尽可能调动各个层次的学生参与教学双边活动,并及时对教学内容进行诊断性反馈,发现问题及时纠正,面向全体,确保整体教学质量的提高。

三、动物的运动

（一）概念分析

本课时的概念为"人体的运动是在神经系统的支配下,由肌肉牵拉着骨围绕关节进行的"。该概念的建构需要以下基本概念或证据的支持:运动系统主要由骨、关节、肌肉组成,骨骼肌受神经传来的刺激收缩时,就会牵动骨绕关节活动,于是躯体相应部位就会产生运动。

（二）教学目标

通过观察材料剥了皮的鸡翅,与教材上的知识点相结合,描述运动系统的结构和功能。通过观看猪关节解剖视频,说出关节的结构与功能,自主总结关节的特性。通过屈肘和伸肘动作体验,分析骨、关节和骨骼肌在神经系统调节下相互配合产生运动,初步形成结构与功能相适应的生命观念。

（三）重难点

举例说明脊椎动物运动系统的组成和功能。理解骨、关节、肌肉在神经系统调节下配合完成屈肘和伸肘运动。

（四）教学流程

教学环节	教学活动	设计意图
关联单元情境	伴随裁判员的哨声响起,篮球被抛向空中,双方队员腾空跃起争抢篮球	关联单元情境,衔接教学内容
提出核心问题	1.当篮球运动员们跃起争抢篮球时,身体的哪些结构发挥作用? 2.这些结构又是如何配合工作的	将重点知识抛出,便于学生在课堂中思考
任务一说出运动系统的组成	学生活动: 自主阅读教材,观察剥了皮的鸡翅 1.以鸡翅为材料观察运动系统的组成。 2.总结各组成的形态,尝试推测各组成的功能。 3.人手臂上的骨有哪些? 4.骨骼肌的形态、颜色和结构? 5.用力绷紧脚尖再放松,小腿肌肉有什么变化? 6.骨骼肌两端是附着在同一根骨上还是不同的骨上? 师生总结	通过观察材料,与教材上的知识点相结合,掌握运动系统的结构和功能
任务二认识关节的结构	学生活动: 展示猪关节的结构视频。 1.说出关节的结构。 2.想一想为什么关节既牢固又灵活? 师生总结	学生通过观看视频,深入思考,掌握关节的结构与功能,自主总结关节的特性

教学环节	教学活动	设计意图
任务三 理解骨、关节、肌肉如何配合完成屈肘和伸肘运动	附着在人手臂肱骨和前臂骨上的有肱二头肌和肱三头肌,肱骨和前臂骨依靠肘关节联系起来,骨、肌肉、关节如何配合完成屈肘和伸肘运动? 学生活动:小组讨论。 1.屈肘和伸肘时肱二头肌和肱三头肌的状态? 2.骨头牵引着肌肉运动还是肌肉牵引着骨运动? 师生总结	引导学生分析运动产生的原因
任务四 理解运动时系统之间的相互协作	学生活动:讨论运动的过程中有哪些系统发挥了作用? 师生总结	与已学过的知识相结合,帮助学生理解各系统在运动中发挥的作用
回顾情境交流评价	交流总结,在神经系统的支配以及其他各系统的配合下,肌肉收缩牵动骨绕着关节活动,使躯体相应的部位产生相应的运动	总结知识点,得出运动产生的原因

（五）教学反思

课时的亮点主要体现在两个方面:一是注重与学生生活实际相结合。教学中,教师以鸡翅为材料,让学生切身观察、触摸、体会运动系统各结构及功能,激发学习兴趣,理解运动系统的结构包括骨、肌肉、关节的概念。二是从结构引入功能,教师先让学生掌握运动系统的结构,教学中着重强调关节的结构,再通过屈肘和伸肘运动帮助学生理解运动的产生。

本课时存在的不足之处:问题的回答结果与预想有差异,学生的思路不够严谨,有待提高。

（六）总体评析

1.本课时设计遵循中学生学习思考规律,引导学生从局部到整体,从结构到功能,引导学生理解掌握运动形成的原因,提高教学效率。

2.改进建议:本课时知识点较多,内容较复杂,学生可能难以理解,在课堂的最后可以增加本节知识小结,加深学生对运动形成的理解。

四、眼和视觉

(一)概念分析

本课时的概念为"人体通过眼等感觉器官获取外界信息,科学用眼能够保护眼的健康"。该概念的建构需要以下基本概念或证据的支持:眼的基本结构,视觉形成的过程,养成良好的用眼习惯。

(二)教学目标

通过观察模型、图片和视频,概括出眼球基本结构和功能,了解视觉的形成过程,提升学生观察、分析等科学思维能力。通过关注近视调查报告,养成良好的用眼习惯,并向他人宣传,提升社会责任感。

(三)重难点

说出眼的基本结构和视觉形成的过程。调查近视形成的原因,并提出预防近视的对策。

(四)教学流程

教学环节	教学活动	设计意图
关联单元情境	播放女篮半决赛时,伴随裁判员哨声响起,篮球抛向空中,双方队员争着抢球的视频,在这个过程中,队员们哪些感觉器官参与其中?这些感觉又是如何形成的呢	通过设置单元情境,创设一镜到底的教学环节,统领整个单元的教学内容

续　表

教学环节	教学活动	设计意图
提出核心问题	我们从外界感知的信息有80%来自视觉,视觉是怎样形成的呢? 眼是引起视觉的器官,眼由哪些结构构成呢?	将情境中的问题转变为本课时要解决的学科问题,引导学生学习思考
任务一说出眼的基本结构	学生阅读教材P102~103有关内容,同时注意观察教材图12-15和模型,提示观察的顺序是从外到内,由前向后 学生活动: 1.说出"眼的结构",最重要的结构是什么? 2.按照一定的观察顺序,观察并指出眼球的基本结构和功能。 3.你知道照相机原理和眼球的结构和功能有何关系吗? 师生总结	学生通过观察模型、图片和视频,概括出眼球基本结构和功能,为理解视觉形成打下基础
任务二认识视觉形成过程	女篮运动员是如何看到传来的篮球呢? 自学教材P103的第二自然段和图12-16。 学生活动。 1.视觉如何形成的呢? 2.视网膜成的像和大脑皮层形成的视觉有何区别? 师生总结	学生通过图片、视频认识视觉形成过程,突破本课时难点
任务三了解近视及矫正,关注用眼卫生	展示本校学生近视调查结果。自学教材P103~104的相关内容,观看相关视频 学生活动: 1.小组讨论近视和远视原因 2.如何矫正呢? 3.如何养成良好的用眼习惯? 师生总结	关注近视,养成良好的用眼习惯,并向他人宣传,提升社会责任感
任务四动手制作模型,展示学生成果	过渡 每年的6月6日为"爱眼日",爱护心灵的窗口——眼睛应该成为生活习惯。 学生活动:请你自选材料,制作眼球模型,并对结构进行标识 学生成果展示	采用模型建构,帮助学生理解眼球结构,实现从抽象到具体的转变
回顾情境交流评价	交流评价。 结合单元情境中女篮运动员在比赛中涉及的感知器官——眼进行交流评价	教师依托单元情境展开评价活动,实现情境的前后呼应

（五）教学反思

本课时的亮点主要体现在两个方面：一是利用单元情境，有机融合了体育时事和生物学知识，激发了学生的学习兴趣，让学生积极主动地参与相关内容的讨论，逐步理解"人体通过眼等感觉器官获取外界信息，科学用眼能够保护眼的健康"这一概念。二是问题的设计和模型建构符合学生的认知规律，在本课时中，先认识"眼球的结构和功能"，再结合生活实例——相机的作用原理，学习"视觉形成过程"，达到事半功倍的效果。

本课时存在的不足之处：模型数量不足，每小组应该都至少有一个模型。

（六）总体评析

1.本课时突出理论联系实际，强调以真实的任务情境为背景，针对单元内的具体概念，结合模型构建这样的跨学科实践活动，重点培养学生的工程思维能力、批判思维能力、创新意识和综合运用学科的知识与技能解决实际问题的能力。

2.改进建议：在眼球结构学习时，各小组都结合模型来辨认，对于复杂而陌生的结构名称更好理解。

五、耳和听觉

（一）概念分析

本课时的概念为"人体可以通过耳对外界环境进行感知"，"听觉的形成过程：外界声波→外耳道→鼓膜→听小骨→耳蜗→听觉神经→大脑皮层听觉中枢"。该概念的建构需要以下基本概念或证据的支持：耳的结构包括外耳、中耳、内耳三部分。听觉的形成过程：外界声波→

外耳道→鼓膜→听小骨→耳蜗→听觉神经→大脑皮层听觉中枢。耳是人体感知外界环境的重要器官之一,要科学用耳,从而保护耳的健康。

(二)教学目标

通过观察模型、图片和视频,概括出耳的基本结构和功能,认识听觉的形成过程,提升学生观察、分析等科学思维能力。通过关注耳聋的成因,养成良好的用耳习惯,向他人宣传,提升社会责任感。

(三)重难点

说出耳的基本结构和听觉形成的过程。关注用耳卫生,养成良好的用耳习惯。

(四)教学流程

教学环节	教学活动	设计意图
关联单元情境	播放视频:女篮进入世界杯决赛的精彩瞬间——伴随裁判员哨声响起,双方队员起跳争抢被抛向空中的篮球	通过情境的关联,延续学习内容,激发兴趣
提出核心问题	教师提问:伴随裁判员哨声响起,双方队员起跳争抢被抛向空中的篮球,该过程都有哪些系统参与? 运动员争抢篮球是因为听到了哨声,那么听到哨声是由哪个系统来实现的? 具体是如何控制完成这个过程的	明确本课时的核心问题,将情境中隐含的现实生活问题转变成学科问题,引导学生思考
任务一 学习耳的结构和功能	出示耳的基本结构图,让学生自学教材相关内容回答问题:耳可以分为哪三个部分? 每个部分包括哪些结构? 耳的各部分有什么功能? 学生自学教材结束,对照PPT"耳的基本结构图(未标注)",说出各部分结构的名称及功能。 教师及时点拨,对各结构的功能进行讲解	通过图片增加感性认知,概念图的填空让学生认识并记忆耳内各结构的功能

续 表

教学环节	教学活动	设计意图
任务二 了解听觉的形成过程	播放听觉形成的动画,让学生自学相关内容,提问: 耳内什么结构可以感觉到声音信息?声波是如何到达此处的?听觉是在这里形成的吗? 让学生集体描述听觉形成的大致过程: 外界声波→外耳道→鼓膜→听小骨→耳蜗→听觉神经→大脑皮层听觉中枢 并在小组内进行角色扮演,记住听觉形成的过程	通过动画直观形象的展示听觉的形成过程,便于学生理解和记忆。角色扮演增加了参与度,学生更容易记住知识
任务三 听力障碍——耳聋	案例展示:某人耳聋,经检查耳的结构完全正常。问题出在哪里? 讨论:耳的哪些结构损伤,可能导致耳聋? 点拨小结:耳聋——传导性耳聋和神经性耳聋	结合生活现象进行探讨分析,能够激发学生的学习兴趣
任务四 耳的卫生保健	提出问题: 1.如果近距离看观看燃放烟花爆竹,你准备怎样保护听力?为什么这样做? 2.洗澡时要尽量避免污水进入外耳道,这是为什么? 3.得了咽炎不及时治疗会引起中耳炎,这是为什么? 4."耳屎"是外耳道的分泌物,它是脏东西吗?你是怎样处理耳屎的? 5.平时大家常用耳机听音乐,耳机会对听力造成损害吗? 6.某些药物如庆大霉素等也会影响听力,那应该如何做呢? 为保护耳和听觉,平时应该注意哪些?让学生结合课本,小组讨论回答	根据生活经验进行表达交流,有助于学生加深对知识的理解
任务五 关爱和帮助听力障碍者	播放《千手观音》视频(以及台下排练该节目的艰辛过程,让学生感受残障人士的不容易),呼吁学生关爱和帮助听力障碍者	帮助学生树立正确价值观
回顾情境交流评价	结合单元情境中运动员听到哨声开始争抢篮球进行交流与评价: 1.运动员通过耳朵听到哨声,这一听觉形成的过程是:哨声形成的声波→外耳道→鼓膜→听小骨→耳蜗→听觉神经→大脑皮层听觉中枢 2.耳是人体感知外界信息的重要器官,要保护耳朵,健康用耳	依托情境开展评价活动,让学生认识到耳的重要性,并注意在日常生活中健康用耳,提升社会责任感

（五）教学反思

本课时的亮点主要体现在两个方面：一是通过动画直观形象地展示听觉的形成过程，便于学生理解；另外，学生角色扮演的过程增加了参与度，有助于其将琐碎的知识点一一内化，有助于其对知识的记忆。二是将耳朵损伤的原因与生活实际相联系，帮助学生养成科学健康用耳的习惯，增强了学生对知识学习的认同感，活学活用，也提升了学生的社会责任感，帮助其树立正确的价值观。

本课时存在的不足之处：时间分配不够合理，"听觉形成的过程"小组分角色扮演花费时间太多，导致后面的授课有些赶，应注意把握重点，有的放矢。

（六）总体评析

1.本课时充分关注了生物学知识与现实生活的联系，引导学生利用所学知识解释常见的生活现象、解决实际生活问题，调动了学生学习的积极性。

2.改进建议：本课时耳的结构及听觉形成的过程是重难点，学生一时难以记住，可以在课后作业中以填充图的形式让学生填空，从而加深对该过程的记忆。

六、激素调节

（一）概念分析

本课时属于重要概念"5.5 人体各系统在神经系统和内分泌系统的调节下，相互联系和协调，共同完成各项生命活动，以适应机体内外环境的变化"下的次位概念。课程标准要求教师在本课时中帮助学生理解的概念为"甲状腺激素、胰岛素等激素参与人体生命活动的调节"。

（二）教学目标

通过观察图片和资料分析，说出人体内分泌腺的名称、位置、特点和功能。通过资料分析和角色扮演活动，体会激素在生命调节中的重要作用，说明生长激素、甲状腺激素、胰岛素的功能及其分泌异常时的病症，培养学生善于观察、与人合作的严谨科学态度。通过观看视频、提出问题、分析问题，理解人体正常生命活动离不开神经系统和内分泌系统的共同作用。

（三）重难点

说出人体的主要内分泌腺的名称和位置。说出生长激素、甲状腺激素、胰岛素的功能及其分泌异常时的病症。

（四）教学流程

教学环节	教学活动	设计意图
关联单元情境	一场精彩的篮球比赛将要结束时，球员们气喘吁吁	关联单元情境，激发学习兴趣
提出核心问题	球员们剧烈运动过程中为什么会气喘吁吁？是什么在对身体进行调节？	将情境中的生活现象转变成学科问题，引导学生思考
任务一了解人体的内分泌腺和内分泌系统的组成	1.通过回顾性激素的相关知识，初步认识激素和内分泌腺。 2.通过观察图片和资料分析，了解内分泌腺的特点和功能。 3.自主设计表格，比较内分泌腺和外分泌腺的区别。 4.通过3D动画和"我说你指你最棒"小游戏识记人体主要的内分泌腺	通过任务驱使，提高学生对知识的获取

教学环节	教学活动	设计意图
任务二 诊断病 例,探讨 几种激素 的主要功 能	1.通过教师提供的四则资料小组合作分析生长激素、甲状腺激素、胰岛素和肾上腺素的主要功能。 2.小小名医我来做:根据教师提供的患者相关资料诊断病因,并尝试给出治疗及预防方法。 教师结合学生的诊断情况进行完善和补充	通过角色扮演活动,学生体会到激素在生命调节中的重要作用,有效突破本课时重难点
任务三 解决情境 问题,理 解激素调 节和神经 调节的关 系	1.分析得出剧烈运动时气喘吁吁是肾上腺素作用的结果。 2.观看视频,理解肾上腺素通过血液循环作用于心脏和呼吸系统。 提出问题:在遇到危险或者挑战时,肾上腺素可以使人情绪激动,对外界刺激的反应更加敏锐。但是肾上腺如何知道此时该分泌肾上腺素了呢? 师生总结:目前所知,绝大多数激素的合成与释放直接或间接受神经系统控制的。其他化学物质的调节作用也受神经系统的控制。总之,在人体内,体液调节和神经调节的作用是相互联系、相互影响的	用直观感受理解神经调节调控激素调节,人体正常生命活动离不开二者的共同作用
任务四 评价利用 激素类药 物的利与 弊	根据提供的素材分析评价激素类药物应用的利与弊	正确评价激素类药物应用的利与弊
回顾情境 交流评价	结合单元情境中肾上腺素的调节作用进行交流评价: 1.人体正常生命活动的调节离不开激素调节和神经调节的共同作用。 2.可以使用激素进行相关疾病的治疗,但不能滥用激素	依托情境和教学过程开展评价活动

（五）教学反思

　　本课时的亮点主要体现在两个方面:一是"小小名医我来做"游戏环节的设置,此游戏是围绕"说出几种激素的主要功能及分泌异常的表现"这个学习目标设计的。这部分内容较多,识记起来较为枯燥,通过游戏中的角色扮演活动,学生可以将琐碎的知识点一一内化。通过这部分知识点的内化过程,学生也能体会到激素在生命调节中的重要作用,有效突破本课时重难点。二是激素类药物应用具体事例素材的提供,既可以帮助学生们拓展视野,将课本知识与实际生活紧密相连,也有利于帮助学生形成批判思维,正确评价激素类药物应用的利与弊。

本课时存在的不足之处:为了保证课堂授课环节的流畅,没有安排探究激素生理作用的实验环节,不利于培养学生们的实验设计能力以及动手操作能力,可以以课后拓展任务的形式布置下去,让学生利用课后时间尝试拟定科学探究方案。

（六）总体评析

1.本课时充分关注了生物学知识与现实生活的联系,引导学生利用所学知识解释常见的生活现象、解决实际生活问题,调动了学生学习的积极性。

2.改进建议:可以设置科学探究环节,让学生利用课后时间尝试拟定探究某种激素作用的科学方案。

七、人的生长发育和青春期

（一）概念分析

依据课程标准本课时的概念为:性激素能促进生殖器官的发育,对第二性征的发育和维持具有重要作用;人在青春期会出现一些显著的生理变化,如身高和体重的迅速增加、出现第二性征、各项生理功能增强等;青春期的卫生保健和良好的心理状态有利于青少年顺利地度过青春期。

（二）教学目标

通过不同时期的照片分享,识别人体生长发育的各个时期,从中体会父母的辛苦,学会感恩。通过小比试活动,说出青春期男性和女性发育的主要特征,经过分析学习后,能正确认识青春期出现的遗精和月经现象。通过生活小场景的共同讨论,说明做好青春期卫生保健的重要性,树立正确的价值观。

(三)重难点

识别人体生长发育各个时期的变化。说出青春期性发育的主要特征。说明做好青春期卫生保健的重要性。

(四)教学流程

教学环节	教学活动	设计意图
关联单元情境	播放校园篮球比赛的视频,感受青春的美好。青春期是人生中的"花样年华",但是也充满了各种困惑和焦虑	通过篮球比美好情境和青春困惑让学生思考青春期的变化
提出核心问题	男生: 1.你出现喉结了吗? 2.你有没有出现遗精? 3.你对自身发育有没有产生困惑?是否希望得到老师的帮助? 女生: 1.你乳房开始发育了吗? 2.你有没有出现月经?月经期知道如何保护自己吗	带着有关的疑惑进入本课时的学习
任务一 识别人的生长发育各个时期	同学们分享自己带来的照片,通过投影给大家展示并介绍自己从小到大不同年龄段的照片 老师总结:那么我们人的生长发育可以分为几个时期,我们现在处在哪个时期?你们的父母正处在什么时期?你们的爷爷奶奶正处在什么时期? 展示人生长发育阶段图,识别不同的发育阶段以及特征	通过照片的分享,课堂氛围更加活跃。从学生的经验出发,有利于激发学生的兴趣和对知识的理解

教学环节	教学活动	设计意图
任务二 青春期发育的特点:身高体重变化	刚刚过完寒假,免不了走亲访友,经常听到他们说,某某又长高了,都快成大小伙子(大姑娘)了,大家互相交流下,自己与前一年比长高了多少? 比比谁的个子高? 展示男生和女生的身高体重增加曲线图。 1.男孩和女孩开始身高体重增加的年龄有没有区别? 2.你和同学的身高变化与课本图中数据完全一致吗? 如果有出入,试分析原因。 学生讨论分析、师生总结。 展示人体心脏收缩力、肺活量等指标,思考青春期还有哪些变化?	通过小比试,不仅促进同学间团结协作,学生还能立刻意识到自己身高和体重的显著变化。 结合曲线变化了解青春期男女生的身高体重变化区别以及特征。 教师通过小结,不仅能让学生知道变化的原因,还能保护一些同学的自尊心
任务二 青春期发育的特点:第二性征发育	1.青春期性发育主要表现在哪些方面? 2.青春期第二性征的发育是由什么原因引起的? 各小组讨论汇报结果给大家。 师生总结:青春期的性发育,包括生殖器官的生长发育和第二性征的发育生长,生殖器官的生长发育。女性的生殖器官主要是,由幼稚型变成成人型,出现月经等,男性的生殖器官也有幼稚型变成成人型,出现遗精等。男女第二性征分别是在雄性激素和雌性激素的刺激下表现出来的,男性第二性征,包括胡须生长、喉结突出、声音变粗、声调变低等,女性第二性征包括乳房增大、声音变细、声调变高等	青春期是一生中身体发育和智力发展的黄金时期,采取分析讨论看视频方式,解答学生对于遗精和月经的困惑

续　表

教学环节	教学活动	设计意图
任务三 青春期心理变化	观看图片,你有没有这些情况？应该怎样正确处理?	通过讨论,学生们树立了正确的价值观,更好地体会和领悟生活
回顾情境 评价交流	如何正确面对青春期出现的各种变化	通过讨论,学生形成了正确的观念

（五）教学反思

本课时是在快乐的活动中开始,在畅快的交谈中进行,虽然共同面对难言的青春期问题,但又共处于一个和谐的氛围,学生感受到青春期的欣喜、困惑、美好和向往。本课时的成功在于走进了学生的心里,每个环节的安排都符合学生的特点,能尊重学生们的个性,激发学生们的兴趣,使他们有感而发,尽情表达自己的心声。

（六）总体评析

本课时各个环节设计都充分关注学生发展,关注学生生理、心理、情感体验。通过讨论分析、观看视频等形式,展示了青春期身体变化带来的惊喜、困惑,帮助学生养成良好的卫生习惯,体验青春的美好,使学生在一种科学、师生平等、和谐宽松的氛围中学习,采用巧妙的方法解决学生碍于面子而不敢大胆参与活动的问题,让学生在爱的阳光下愉悦地学习。

主要参考文献

[1]黄丽娜.基于深度学习的高中生物学大单元主题教学实践分析[J].教学管理与教育研究,2021,24(6):99-101.

[2]樊婷婷.基于生命观念的高中生物学单元教学设计:以"物质与能量观"为例[D].武汉:华中师范大学,2018.

[3]严晓梅,万青青,高博俊,等.数字化转型视域下欧盟科学素养培养新动向:《作为教育挑战的科学和科学素养》报告解读与启示[J].开放教育研究,2020,16(4):37-44.

[4]郑念念.基于高中生物学重要概念的单元教学设计研究[D].长沙:湖南师范大学,2020.

[5]中华人民共和国教育部.义务教育生物学课程标准(2022年版)[M].北京:人民教育出版社,2012.

[6]周初霞.聚焦生物学重要概念的单元整体教学设计实践研究[J].生物学教学,2019,44(4):7-10.